美容医療トラブル解決への実務マニュアル

施術別裁判例をふまえて

末吉宜子／寺尾幸治／伊藤茂孝
三枝恵真／田畑俊治／花垣存彦　著
川見未華／晴柀雄太／渡邊隼人

日本加除出版株式会社

は し が き

　本書の執筆を担当したのは，東京の医療問題弁護団に所属する弁護士9名である。医療問題弁護団は，1977年に設立され，医療被害の救済，再発防止，患者の権利確立，安全で良質な医療の確立などを目的として活動している団体であり，活動の一つの柱として，患者側からの医療相談を受け付け，個別相談に対応している。

　その医療相談の中で，数年前から，美容医療に関わる相談が増えてきたという実感があった。他方，美容医療の分野は，その特殊性から相談を受ける弁護士にとっては困難を感じることも多い。

　そのため，2012年6月，医療問題弁護団の有志で，美容医療に関する勉強会（PT）を立ち上げた。PTでは，施術部位ごとに医学的知見，合併症，裁判例などを取りまとめる勉強会を1年ほど続け，マニュアル的な資料ができあがった。結果として，この時のPTでの勉強会の蓄積が，本書の基礎となった。

　資料としてまとまったものができた段階で，美容医療被害の実態を調査すべく，2013年10月，電話相談（ホットライン）を実施しようということになった。当日，5台の電話は鳴り続け，1日で91件もの電話による相談があった。そして，そのうち24件が大手美容外科による「糸によるフェイスリフト」の被害相談だったことから，被害救済を目的として，PTのメンバーを中心に弁護団を立ち上げることになった。あれよあれよ，という間のできごとであった。本書の執筆者9名全員が，この糸リフト被害対策弁護団のメンバーである。

　この糸リフト被害については，2014年4月に一次提訴（原告13名），同年10月に二次提訴（原告40名），2015年5月に三次提訴（原告20名）を行った。2017年12月に原告全員について和解による解決に至った経緯は，本書にも紹介している。

　このように，美容医療相談の増加をきっかけに，いくつもの偶然が重なり，

はしがき

美容医療の医学的知見の収集，裁判例の調査，東京地裁での３年に及ぶ集団訴訟，という形で，美容医療に関わることになった。そのような中，2017年秋，本書執筆の機会を頂いたのであった。

　本書の構成は，第１章「美容をとりまくトラブルの背景と法規制」，第２章「施術別概要と裁判例」となっている。糸リフト被害の集団訴訟では，訴訟活動とともに，再発防止のために何が必要であるか，どんな法整備が必要であるかなどを，原告の方々と一緒に模索し，行政への働きかけも行ってきた。こうした経験が，第１章の執筆に当たって，役立っている。そして執筆中の平成30年６月，医療法施行規則が改正され，医療機関が作成するウェブサイトも医療法上の広告と認められることになった。集団訴訟の係属中に厚生労働省へ広告規制の要請行動をしたことが現実のものとなったのであった。

　また，第２章では，美容医療に関する裁判例を網羅的に検索し，本文で紹介するとともに，本書末尾に，施術ごとに一覧化して添付した。どんな施術でトラブルが発生しているか，裁判所の判断はどうか，などの観点からも活用して頂ければと思っている。

　本書が美容医療の相談を受ける弁護士，美容医療を受けた方，受けようとしている方，そして美容医療に携わる医療関係者にも手にとって頂いて，少しでも医療安全に役立つことができれば，幸いである。

　また，集団訴訟での弁護団活動や本書の執筆において，日本医科大学名誉教授（前形成外科教授）の百束比古先生，公益社団法人日本美容医療協会元理事長の西山真一郎先生に，多大なご支援を頂いた。この場をお借りして心からの謝辞を申し上げる次第である。

　最後に，本書の発刊に当たっては，日本加除出版株式会社の編集部の皆さまに，読者の目線からの助言，多数の判例の整理など，多くのサポートをして頂いた。厚くお礼を申し上げる。

平成30年11月

末吉　宜子

凡　例

《法令》

本書内の法令については，以下の略記を用いることがある。

医薬品，医療機器等の品質，有効性及び安全性の確保等に関する法律
　　　　　　　　　　　　　　　　　　　　→　医薬品医療機器等法，医薬

不当景品類及び不当表示防止法	→	景品表示法，景表
不正競争防止法	→	不競法，不正競争
消費者契約法	→	消費契約
行政機関の保有する情報の公開に関する法律	→	行政機関情報公開法
特定商取引に関する法律	→	特定商取引法
特定商取引に関する法律施行令	→	特定商取引法施行令，特定商取引令
特定商取引に関する法律施行規則	→	特定商取引法施行規則

《書誌》

本書内の判例・出典等については，主に次の略記を用いた。
　最高裁判所第三小法廷　平成 8 年 1 月23日判決　判例時報1571号57頁
　　　　　　　→最三小判平 8 ・ 1 ・23　判時1571号57頁

民集	→	最高裁判所民事判例集
集民	→	最高裁判所裁判集民事
判時	→	判例時報
判タ	→	判例タイムズ

《裁判例》

本書内の裁判例【★】の番号は，巻末の裁判例一覧の番号を示す。

iii

参 考 文 献

司法研修所『司法研修所論集1973-1』（法曹会，1973年）

牧山市治『最高裁判所判例解説民事篇昭和50年度47事件』

市田正成ほか編集『美容外科手術プラクティス1』（文光堂，2000年）

市田正成ほか編集『美容外科手術プラクティス2』（文光堂，2000年）

美容・エステティック被害研究会編『Q&A　美容・エステ110番』（民事研究会，2006年）

小山稔＝西口元編集代表『医療訴訟　専門訴訟体系1』（青林書院，2007年）

酒井成身編集『美容外科基本手術―適応と術式―』（南江堂，2008年）

医療問題弁護団『医療事故の法律相談〈全訂版〉』（学陽書房，2009年）

伊藤正男ほか総編集『医学書院医学大辞典第2版』（医学書院，2009年）

日本美容皮膚科学会監修『美容皮膚科学　改訂2版』（南山堂，2009年）

秋吉仁美『医療訴訟』（青林書院，2009年）

岡井崇ほか編『標準産科婦人科学第4版』（医学書院，2011年）

髙橋譲編著『医療訴訟の実務』（商事法務，2013年）

福田剛久ほか編『最新裁判実務大系　第2巻　医療訴訟』（青林書院，2014年）

日本形成外科学会ほか編集『形成外科診療ガイドライン6』（金原出版，2015年）

日本形成外科学会ほか編集『形成外科診療ガイドライン7』（金原出版，2015年）

木下茂監修ほか『標準眼科学第13版』（医学書院，2016年）

波利井清紀監修『TEXT形成外科学　改訂3版』（南山堂，2017年）

細川亙ほか編『腋臭症・多汗症治療実践マニュアル』（全日本病院出版会，2012年）

秦維郎『形成外科アトラス：腋臭症の治療』（克誠堂出版，1998年）

目　次

第1章　総論

第1　美容をとりまくトラブルの背景と法規制　　3

1　医療における美容医療の歴史……………………………………3
(1)　美容整形と形成外科　3
(2)　時系列　3

2　美容医療の広がりと苦情相談の増加………………………………5

3　自由診療であること…………………………………………………6

4　未承認医薬品・医療機器の使用……………………………………7

5　隣接領域との関係（エステティック・脱毛・美肌）……………8

6　被害の顕在化…………………………………………………………9

7　消費者委員会による建議及び法改正の動向………………………10

8　関連法規の概観………………………………………………………12
(1)　医療法（昭和23年7月30日法律205号）　12
(2)　医師法（昭和23年7月30日法律201号）　13
(3)　医薬品，医療機器等の品質，有効性及び安全性の確保等に関する法律（旧薬事法。昭和35年8月10日法律145号）　13
(4)　不当景品類及び不当表示防止法（昭和37年5月15日法律134号）　14
(5)　消費者契約法（平成12年5月12日法律61号）　14
(6)　特定商取引に関する法律（昭和51年6月4日法律57号）　14

第2　美容医療による被害　　15

1　美容医療契約の法的性質……………………………………………15

v

目　次

- (1)　美容医療の医療行為性　*15*
- (2)　美容医療契約の法的性質　*15*

2　美容医療における医師の注意義務 ……………………………… *16*

- (1)　法的構成　*16*
- (2)　注意義務の内容　*16*
- (3)　注意義務の判断―医療水準論　*17*
- (4)　医療水準と医療慣行　*18*
- (5)　患者の主観的願望と注意義務　*19*

3　美容医療における因果関係 ………………………………………… *19*

- (1)　因果関係の意義　*19*
- (2)　立証責任，立証の程度，医療行為に関する因果関係判断の困難
  性　*20*
- (3)　事実的因果関係の主張・立証方法，認定要素　*21*

4　美容医療事件における損害 ………………………………………… *22*

- (1)　損害の意義，範囲，算定　*22*
- (2)　損害項目　*22*
- (3)　過失相殺　*28*

5　説明義務違反 …………………………………………………………… *29*

- (1)　自己決定権の前提となる説明義務　*30*
- (2)　療養指導としての説明義務（医師法23条）*36*
- (3)　顛末報告義務　*37*

第*3*　美容医療の契約的側面の問題　*39*

1　消費者契約法4条 …………………………………………………… *39*

- (1)　消費者契約法4条1項1号　不実告知　*40*
- (2)　消費者契約法4条1項2号　断定的判断の提供　*41*
- (3)　消費者契約法4条2項　不利益事実の不告知　*41*
- (4)　消費者契約法4条3項　消費者を困惑させる行為　*42*

目　次

　　(5)　消費者契約法４条４項　過量な内容の契約　*44*

2　錯誤（民法95条）・公序良俗違反（民法90条）による無効 ……………*46*

3　特定商取引法による規制　美容医療・エステティック …………*46*

　　(1)　規制対象　*46*

　　(2)　規制の態様　*47*

4　目的隠匿型呼出販売としての訪問販売規定（特定商取引法）の適用 ………………………………………………………………………*50*

第***4***　美容医療の広告の問題　　　　　　　　　　　　　*51*

1　医療法による規制 ………………………………………………………*51*

　　(1)　はじめに　*51*

　　(2)　虚偽広告の禁止（医療法６条の５第１項）　*52*

　　(3)　優良表示・誇大表示等の禁止（医療法６条の５第２項）　*53*

　　(4)　広告が禁止される事項（医療法６条の５第３項）　*55*

　　(5)　改正医療法の施行等　*58*

2　医療法以外の法規制 ……………………………………………………*58*

　　(1)　不当景品類及び不当表示防止法（昭和37年５月15日法律134号）　*58*

　　(2)　不正競争防止法（平成５年５月19日法律47号）　*59*

　　(3)　医薬品，医療機器等の品質，有効性及び安全性の確保等に関する法律（昭和35年８月10日法律145号）　*59*

　　(4)　健康増進法（平成14年８月２日法律103号）　*60*

3　医療法上の広告規制違反による効果 ………………………………*60*

　　(1)　行政処分　*60*

　　(2)　刑事手続　*60*

　　(3)　適格消費者団体による差止請求　*61*

　　(4)　個別の契約との関係　*61*

vii

目 次

第5 解決方法 62

1 概 説 62

2 相談及び受任に当たり行うべき事柄 62

(1) 聴取すべき事項 62

(2) 消費者契約的側面での初動対応 63

(3) 調 査 64

(4) 依頼者対応に当たり配慮すべき点 68

3 解決のための手続 68

(1) 示談交渉 68

(2) 消費生活センターへの相談，あっせん 68

(3) 弁護士会の医療ADR 69

(4) 調 停 69

(5) 訴 訟 69

4 美容医療機関の賠償責任共済及び保険 70

(1) 概 説 70

(2) 一般社団法人日本美容医療責任共済会の共済制度の概要 70

(3) ユニバーサル少額短期保険株式会社による保険制度の概要 71

5 医療機関が閉院になった場合の対応 71

第2章　施術別概要と裁判例

第1 顔の輪郭に関する施術 75

1 はじめに 75

2 施術方法等について 75

(1) 顔面骨格の構造 75

(2) 施術方法と合併症 76

3 裁判例 77

viii

目　次

4 裁判例の考察 ……………………………………………………… *86*

第*2* フェイスリフトに関する施術　　　　　*87*

1 はじめに ……………………………………………………………… *87*

2 施術方法等について ……………………………………………… *87*

　⑴　フェイスリフト（顔面除皺術）　*87*

　⑵　スレッドリフト（糸によるリフト）　*88*

3 裁判例 ………………………………………………………………… *89*

4 裁判例の考察 ……………………………………………………… *96*

第*3* フィラーに関する施術　　　　　*97*

1 はじめに ……………………………………………………………… *97*

2 フィラーについて ………………………………………………… *97*

　⑴　フィラーとは　*97*

　⑵　フィラーの主な合併症　*98*

3 裁判例 ………………………………………………………………… *98*

4 裁判例の考察 ……………………………………………………… *101*

第*4* 眼瞼に関する施術　　　　　*102*

1 はじめに ……………………………………………………………… *102*

2 施術方法等について ……………………………………………… *102*

　⑴　眼瞼の機能，解剖図　*102*

　⑵　重瞼術（二重瞼手術）　*103*

　⑶　眼瞼下垂に対する修正術　*104*

3 裁判例（手技上の過失） ………………………………………… *105*

4 手技上の過失に関する裁判例の考察 ………………………… *110*

ix

目 次

5 裁判例（説明義務違反） ……………………………………… *111*

6 説明義務違反に関する裁判例の考察 ……………………… *116*

第**5** 鼻に関する施術 *118*

1 はじめに ……………………………………………………… *118*

2 施術方法等について ………………………………………… *118*

　⑴　鼻の構造　*119*

　⑵　施術の種類及び合併症　*119*

　⑶　隆鼻術　*119*

　⑷　鼻尖形成術　*120*

　⑸　鼻翼縮小術　*120*

3 裁判例 ………………………………………………………… *120*

4 裁判例の考察 ………………………………………………… *123*

第**6** 皮膚に関する施術 *124*

1 はじめに ……………………………………………………… *124*

2 施術方法等について ………………………………………… *124*

　⑴　皮膚の構造　*124*

　⑵　ケミカルピーリング　*125*

　⑶　レーザー　*125*

3 裁判例 ………………………………………………………… *126*

第**7** 脱毛に関する施術 *132*

1 はじめに ……………………………………………………… *132*

2 施術方法等について ………………………………………… *132*

　⑴　医療機関とエステティックサロンの脱毛の違い　*132*

目　次

　　　⑵　脱毛施術の種類と合併症　*133*

　3　裁判例 ……………………………………………………………… *134*

　4　裁判例の考察 …………………………………………………… *136*

第*8*　脂肪に関する施術　*137*

　1　はじめに（トラブル事例の傾向等）……………………………… *137*

　　　⑴　脂肪吸引について　*137*

　　　⑵　脂肪溶解について　*137*

　2　施術方法等について ………………………………………… *137*

　　　⑴　脂肪吸引　*137*

　　　⑵　脂肪切除（腹部）　*139*

　　　⑶　脂肪溶解（融解）　*139*

　3　裁判例 ……………………………………………………………… *140*

　4　裁判例の考察 …………………………………………………… *151*

第*9*　腋臭症に関する施術　*154*

　1　はじめに ………………………………………………………… *154*

　2　施術方法等について ………………………………………… *154*

　　　⑴　腋臭症（わきが）とは　*155*

　　　⑵　手　技　*155*

　3　裁判例 ……………………………………………………………… *156*

　4　裁判例の考察 …………………………………………………… *159*

第*10*　胸，乳房に関する施術　*160*

　1　はじめに ………………………………………………………… *160*

　2　施術方法等について ………………………………………… *161*

xi

目　次

⑴　総　論　*161*

⑵　インプラント（人工物）挿入法　*161*

⑶　脂肪注入法　*163*

3　裁判例 ……………………………………………………………… *163*

4　裁判例の考察 ………………………………………………………… *168*

第11　陰茎に関する施術　*169*

1　はじめに ……………………………………………………………… *169*

2　施術方法等について ………………………………………………… *170*

⑴　包茎の種類　*170*

⑵　包茎手術　*171*

3　裁判例（損害賠償責任）……………………………………………… *172*

4　損害賠償責任に関する裁判例の考察 ……………………………… *174*

5　裁判例（消費者契約法に基づく取消し）…………………………… *175*

6　消費者契約法に基づく取消しに関する裁判例の考察 …………… *176*

第12　エステに関する施術　*177*

1　はじめに ……………………………………………………………… *177*

2　エステ事案に対する考え方 ………………………………………… *178*

⑴　契約の取消主張など　*178*

⑵　医療行為・美容業務との境界について　*178*

3　裁判例 ………………………………………………………………… *180*

裁判例一覧 ……………………………………………………………… *183*

事項索引 ………………………………………………………………… *193*

著者紹介 ………………………………………………………………… *199*

xii

第1章 総　論

第1　美容をとりまくトラブルの背景と法規制

第1 美容をとりまくトラブルの背景と法規制

1 医療における美容医療の歴史

(1)　美容整形と形成外科

　美容医療は，西洋医学の発展とともに，医療を美容目的に応用することを試みることで始まった。日本でも大正時代に美容整形ブームがあり，戦後には，シリコンオイルを直接注入する乳房豊胸術が流行したが，合併症を引き起こすなど，社会問題になったという。

　一方，形成外科は，海外では，第一次世界大戦の傷病兵の治療を目的として，体系化されていき，第二次世界大戦でも，同じく傷病兵の治療をすることで実績を重ねていった。

　日本の美容医療は，医療を美容目的に応用する美容整形から発展してきた流れと形成外科を美容に応用することから発展してきた二つの流れがあり，今日に至っている。

　そのため，現在日本には，「一般社団法人日本美容外科学会」という同一名称で二つの学会がある。

　一つは美容整形からの流れできている学会で，英語名を「JAPAN SOCIETY OF AESTHETIC SURGERY」（略称は「JSAS」）といい，もう一つは，形成外科からの流れできている学会で，英語名を「Japan Society of Aesthetic Plastic Surgery」（略称は「JSAPS」）という。

　このような歴史的な背景があり，「JSAS」は，正会員の要件は，医師であること，「JSAS」の会員2名以上の推薦があること，とされている。

　「JSAPS」は，正会員の要件は，医師であること，一般社団法人日本形成外科学会の正会員であること，とされている。

(2)　時系列

　二つの学会の設立経緯，標榜科目としての認定などの時系列の概要は次の

3

第1章　総　論

とおりである。

【美容整形から美容外科へ】

1948年	財団法人日本美容医学研究会が設立される。
1949年	文部省より財団法人の設立が認可され，初代理事長に檜垣鱗三氏（東京医科歯科大学）が就任。
1966年	日本美容整形学会が設立され，会長に梅澤文雄氏（十仁病院）が就任する。
1978年	日本美容整形学会を日本美容外科学会と改称する（JSAS）。 「美容外科」が医療法の一般標榜科目として認められる。

【形成外科から美容外科へ】

1955年	国際形成外科学会の創設と第一回国際形成外科学会の開催。
1956年	東京大学整形外科の三木威勇治教授が形成外科診療班を立ち上げる。
1958年	形成外科診療班名称を変更し，日本形成外科学会と名称変更する。
1972年	日本形成外科学会が日本医学会の分科会として公認される。
1975年	形成外科が医療法の一般標榜科目として認められる。
1977年	日本整容形成外科研究会が設立される。
1978年	「美容外科」が医療法の一般標榜科目として認められる。 日本整容形成外科学会が，日本美容外科学会に名称変更する（JSAPS）。

【美容皮膚科】

1987年	日本美容皮膚科研究会を発足。
1994年	日本美容皮膚科学会に名称を変更。
2008年	美容皮膚科が医療法の一般標榜科目として求められる。

4

第1　美容をとりまくトラブルの背景と法規制

❷ 美容医療の広がりと苦情相談の増加

　最近は，美容医療機関がインターネットなどでも広告をするようになり，美容医療の認知度が上がったことなどから，美容医療というマーケットが広がり，多数の医師・医療機関が参入している傾向にある。

　医療機関の形態としては，大学病院等の総合病院が美容外科を設けている場合もあるが，厚労省「平成28年（2016年）医師・歯科医師・薬剤師調査の概況『表6　診療科（複数回答），施設の種別にみた医療施設に従事する医師数』」等によると，美容外科医の8割以上が診療所勤務となっている。

　診療所（クリニック）には，全国各地にクリニックを置き，テレビや新聞チラシ，インターネットで広告を出し，大規模に事業展開しているケースもあれば，個人の医師が小規模のクリニックを開設しているケースもある。最近では，開業セミナーなども開かれており，皮膚科や形成外科・美容外科医の経験がない医師であっても，そうしたセミナーや資料などの情報を頼りに，美容外科医として小規模のクリニックを開業するケースもあるようである。こうした傾向は，昨今，低侵襲的な手術（切らない，注入等）が増えたことから，形成外科・美容外科としての経験が浅い医師であっても，対応しやすいという事情もあるだろう。

　他方で，マーケットの拡大に伴い，苦情相談の件数も増加している。

　全国の消費生活センター及び国民生活センターのPIO-NET[1]に寄せられる相談のうち，美容医療に関する相談が，平成9年には337件であったが，年々増加し，平成17年には1,000件を超えた（大江昌彦ほか「国民生活センターに寄せられる美容医療相談の調査結果」日本美容外科学会会報32巻2号98〜103頁）。平成25年には2,000件を超え，平成26年に2,500件とピークを迎え，平成27年以降も2,000件程度の相談数が続いており，この20年間で明らかに増加の傾向にある（ただし，消費生活センター等からの経由相談は含まない数）。

---

1) PIO-NET（全国消費生活情報ネットワークシステム）とは，国民生活センターと全国の消費生活センターをネットワークで結び，消費者から消費生活センターに寄せられる消費生活に関する苦情相談情報（消費生活相談情報）の収集を行っているシステム。

5

第1章　総　論

　苦情内容としては，販売方法や広告に問題のあるものや，医師が行う美容医療施術において，皮膚障害や熱傷など危害を受けたという苦情相談が寄せられているようである。[2)]

③　自由診療であること

　「保険診療」とは，健康保険等の公的医療保険制度が適用される診療のことである。保険診療では，各疾患に応じて検査や治療内容等が細かく決められており，その制限内での治療等をしなければならない。患者は，医療費の一部負担をすることで診療を受けることができる。

　一方，「自由診療」とは，公的医療保険制度の枠外の診療を受けることである。医療費は全額患者の自費負担となる。

　一般的に，美容外科は，病気やケガをしたときの治療ではなく，日常生活に何ら支障がないのに受ける診療であるため，公的医療保険の適用外となり，自由診療となる。

　自由診療は，保険診療と違って，診療内容に制限がないため，患者のニーズに応えて柔軟な医療を提供できる。反面，自由診療は，定型の診療内容がなく，他との比較が難しい場合には，競争が起こりにくい。保険診療と比べて，高額な医療費となることも多い。

　保険診療では，各地方の厚生局・都道府県事務所（例えば，東京であれば，関東信越厚生局東京事務所）が監督官庁としての業務を行っているが，自由診療の場合は，価格設定や施術内容の適正さなど，保険診療で行われている監督が行われないというのも，大きな特徴の一つである。

　なお，美容外科でも，症状によっては，全額保険適用になる場合や，一部保険適用になる場合もある（保険適用となる場合があるもの：眼瞼下垂手術，ワキガ手術，陥没乳頭形成術，包茎手術等）。

---

2)　国民生活センターウェブサイト http://www.kokusen.go.jp/soudan_topics/data/biyo.
html

6

第1　美容をとりまくトラブルの背景と法規制

④　未承認医薬品・医療機器の使用

　海外で承認・販売されている未承認の医薬品（医薬品医療機器等法（旧薬事法）14条に基づく厚生労働大臣の承認を得ていないもの。以下，「未承認医薬品」という。）は，国内で製造販売することは認められないが，医療従事者が，個人輸入の方法で輸入し，患者に使用（処方）することは，「医療従事者個人用の輸入」として許容されている。

　医療従事者による医薬品の個人輸入は，①治療上緊急性があり，②国内に代替品が流通していない場合であって，③輸入した医療従事者が自己の責任のもと，自己の患者の診断又は治療のために使用すること，という三つの要件に当てはまる場合にのみ認められる（「医薬品等及び毒劇物輸入監視要領」（平成27年11月30日付薬生発1130第1号通知別添），いわゆる「薬監証明」の発給要件）。

　厚生労働省の調べによれば，こうした医療従事者による個人輸入のうち，輸入（治療）目的を「美容効果目的」として輸入された医薬品は，20％を超えている（品目数としては，平成28年度で約1万8,000件）。すなわち，美容医療の現場では，こうした未承認医薬品が使用されているケースが多いと考えられる。

　しかしながら，未承認医薬品は，日本国内の基準によって安全性や有効性が確認されているわけではない。しかも，日本国内で厚生労働大臣の承認を受けた医薬品については，それを適正に使用したにもかかわらず重大な健康被害が生じた場合に，その救済を図る公的制度（医薬品副作用被害救済制度）があるものの，個人輸入された医薬品による健康被害については救済対象とならないことに注意が必要である。厚労省のウェブサイトでは，個人輸入された医薬品等の使用による健康被害の事例報告等が紹介されているので，適宜参照されたい。

　また，医療機器に関しても，同様に，医療従事者が，個人輸入の方法で輸入し，患者に使用（処方）することは，「医療従事者個人用の輸入」として許容されている。こうした医師が個人輸入した美容用医療機器について，販売業者が使用回数制限機能を無効にしたトリートメント・チップ（「改造チップ」）を販売し，その改造チップが使用された結果，健康被害（やけど）が生じ，

7

第1章 総 論

厚生労働省が注意喚起の通知（「個人輸入した美容医療機器の使用について（注意喚起）」（平成29年2月16日付薬生監麻発0216第5号））を出したケースがある。

⑤ 隣接領域との関係（エステティック・脱毛・美肌）

美容医療の隣接領域としてエステティックサービスがある。エステティックサービス（以下「エステ」という。）は，1970年代頃から急激に広まった。平成14年総務省の「日本標準産業分類」で初めて，「手技又は化粧品・機器等を用いて，人の皮膚を美化し，体型を整えるなどの指導又は施術を行う事業所」と定義された。

エステティシャンは医師ではないため，医業を行うことができない（医師17条）。

そのため，どこまでの手技がエステティシャンに許されるのかが問題となるが，医療とエステの境界については，「医師免許を有しない者による脱毛行為等の取扱いについて」（平成13年11月8日医政医発第105号）の通達において，以下の行為を医療行為であると明らかにした。

(1) 用いる機器が医療用であるか否かを問わず，レーザー光線又はその他の強力なエネルギーを有する光線を毛根部分に照射し，毛乳頭，皮脂腺開口部等を破壊する行為（医療脱毛）

(2) 針先に色素を付けながら，皮膚の表面に墨等の色素を入れる行為（アートメイク）

(3) 酸等の化学薬品を皮膚に塗布して，しわ，しみ等に対して表皮剥離を行う行為（ケミカルピーリング）

また，エステは，長期間，多数回の役務提供をする内容であることも多く，金額が多額にのぼり，クレジット契約をめぐるトラブルが多数生じるようになった。そのため，平成11年の特定商取引法の改正で，「人の皮膚を清潔にし若しくは美化し，体型を整え，又は体重を減ずるための施術を行うこと」として，同法の適用を受けることになった。

また平成29年の特定商取引法の改正で，美容医療も規制の対象に入った

8

第1　美容をとりまくトラブルの背景と法規制

（詳細については第3にて後述する。）。

❻　被害の顕在化

　美容医療にかかわる消費者被害が次第に顕在化し，国民生活センターが，次のような報道発表により注意喚起や問題提起を行うところとなった。

▶2004年9月3日「美容医療にかかわる消費者被害の未然防止にむけて」（国民生活センターの報道発表）

　「美容医療」に関する相談が増加傾向にあることから，「美容医療」に関する相談の実態把握・分析などを行い，研究会において現状と問題点，消費者被害の未然防止策について検討し，消費者向けのアドバイスとしてチェックリスト等についてとりまとめがなされた。

　その中で，消費者からの各消費生活センター等への相談における問題点のまとめとして，「美容医療」は広告が関連する相談の割合が「他の医療サービス」に比べて高いこと等が挙げられた。

　また，美容医療の広告の実態として，①施術内容などに関する情報は多いが客観性の確認が難しいこと，②割安感をうたった費用広告も多いが，美容医療の相談にある契約金額とは格差があること，③美容医療のメリットを強調する広告が多く，適正さを欠く広告を問題とした相談もあることが指摘された。

　そして，「行政へ望むこと」として，出版物の広告の形態での美容医療広告が氾濫していることを指摘した上で，①雑誌や折込広告などの表示の適正化へ向けた取り組み，②消費者の選択をゆがめるような虚偽・誇大な広告等に対する厳正な対処，③消費者の自己決定に役立つような，広告等の客観性確保に向けたチェック体制の充実，を挙げた。

▶2010年7月7日「高額な施術の契約をせかす美容医療サービス―きっかけはキャンペーン価格等の広告―」（国民生活センターの報道発表）

　全国の消費生活センターに，美容医療サービスの販売方法や広告等に関す

9

第1章 総論

る相談が多数寄せられ，増加傾向にあり，取引の適正化がされていない現状に鑑み，消費者への注意喚起及び行政等への要望がなされた。

その中で，問題点として，①強引な勧誘で契約を急かしていること，②サービスの内容や価格等について説明が不十分，説明方法が適切でないこと，③医療法や景品表示法上，問題のあるおそれのある広告で誘引していること，④医療法の広告規制の対象外である医療機関のホームページを見て出向いていること，⑤キャンセルを拒否されたり，高額なキャンセル料が請求されることが指摘された。

これを踏まえ，消費者への注意喚起のほか，「行政への要望」として，「問題のある勧誘行為等による消費者トラブルの防止のための対策を各所管省庁において早急に検討し，実施することを望む」との要望がなされた。

▶2012年6月21日「契約を急かされる！高額な施術を勧められる！美容医療サービスの勧誘トラブルに注意！―美容医療・契約トラブル110番の実施結果から―」（国民生活センターの報道発表）

平成22年7月に注意喚起，関係省庁等に要望を行ったにもかかわらずトラブルの減少がみられない現状に鑑み，国民生活センターで「美容医療・契約トラブル110番」を実施し，情報収集を行って，相談者からの聞き取り等を踏まえて取りまとめ，消費者への注意喚起を行った。

その中で，勧誘方法・説明内容についての指摘のほか，医療法上や景品表示法上，問題となる可能性がある広告で誘引していることや医療法の広告規制の対象外である医療機関のホームページを見てクリニックやサロンに出向いていることという広告の問題が改めて指摘された。

 消費者委員会による建議及び法改正の動向

美容医療にかかわる消費者被害の顕在化に対し，消費者委員会が建議を行い，これが法改正につながっていった。

第1　美容をとりまくトラブルの背景と法規制

▶エステ・美容医療サービスに関する消費者問題についての実態調査報告 (2011年12月21日)

内閣府消費者委員会は，平成23年10月から12月にかけて，エステ・美容医療サービスに関し，ヒアリング調査，消費者アンケート調査，自治体書面調査により，実態調査を行った。

その結果，表示・広告に関して，①消費者は，エステサロン・美容クリニック選択時に，友人知人の口コミのほか，ホームページ，フリーペーパー，折込広告等から情報を収集しており，特に電子媒体は増加してきていること，②「体験談」「施術前後の比較写真」は，消費者の美容クリニック等選択時の決め手情報となっているが，医療法では広告での表示が禁止されていること，その他，各種広告には，同法に照らして問題があると思われるものが散見されること，③景品表示法による行政指導も十分に行われていないことが指摘された。

▶「エステ・美容医療サービスに関する消費者問題についての建議」(2011年12月21日)

内閣府消費者委員会は，上記実態調査報告を踏まえ，厚生労働大臣及び内閣府特命担当大臣（消費者）に対して，不適切な表示（広告）の取締りの徹底や美容医療サービスを利用する消費者への説明責任の徹底等に関し建議を行った。

その結果，ホームページのガイドラインの作成，インフォームドコンセントに関する通知がなされた。

▶「美容医療サービスに係るホームページ及び事前説明・同意に関する建議」(2015年7月7日)

上記建議後，内閣府消費者委員会は，厚生労働省に対して既に講じた取組の効果の検証・評価を行うよう再三指摘を行ったにもかかわらず，厚生労働省による検証・評価が適切に行われなかった。他方で，美容医療サービスに関する身体被害を含む消費者トラブルが発生し続け，PIO-NETに登録され

11

第1章　総　論

た美容医療サービスの相談件数が大幅に増加したことから，厚生労働省が講じた対策では効果が十分とは言い難い状況にあったと評価された。

　このため，消費者委員会は，厚生労働省に対し，①医療機関のホームページの情報提供の適正化，②事前説明・同意の適正化，③苦情相談情報の活用について，建議を行った。このうち，①医療機関のホームページの情報提供の適正化については，

　　a　医療法第6条の5の規定に基づき規制の対象とされている「広告」の
　　　概念を拡張し，医療機関のホームページも「広告」に含めること
　　b　少なくとも医療法及び医療法施行規則の規定に基づき禁止されている
　　　類型の広告を，医療機関のホームページについても禁止すること
　が求められた。

　この建議を受け，ホームページについては，「医療情報の提供内容等のあり方に関する検討会」において，平成28年3月より，医療機関のウェブサイト等の取扱いについて検討が行われ，同年9月，「医療機関のウェブサイト等の取扱いについて」がとりまとめられた。その中で，医療機関のウェブサイト等について，引き続き，現行の医療法上の広告規制の適用対象としないが，適切な情報発信を推進する観点からも認められないような，虚偽・誇大な表示等が規制されないことは適当ではないことから，不適切な表示に対する規制を新たに設けるべきであるとの検討結果が示され，これが後述の平成29年の医療法改正につながった。

⑧　関連法規の概観

　美容医療に関して相談を受け，受任するに当たって参考にすべき，関連法規を以下に挙げる。

⑴　**医療法**（昭和23年7月30日法律205号）

　病院，診療所及び助産所の開設・管理・監督等（4章），医療法人の設立等（6章）に関し規定されている。

　平成26年6月25日の法改正により，医療事故調査に関する規定が新設され

た（3章）。医療事故調査は，医療事故が発生した医療機関において院内調査を行い，その調査報告を民間の第三者機関（医療事故調査・支援センター）が収集・分析することで再発防止につなげるための医療事故に係る調査である。その対象となる医療事故は，医療に起因し，又は起因すると疑われる死亡又は死産であって，当該管理者が当該死亡又は死産を予期しなかったものに限られる。

　また，医療に関する情報提供，広告についても規定されている（第2章）。医療に関する広告は原則禁止で例外が列挙されている。従来，ウェブサイトは原則として広告ではないという取扱いであったが，平成29年10月1日の法改正により，ウェブサイトでの虚偽・誇大広告等が禁止されるに至った。

　広告については，平成30年5月8日，「医業若しくは歯科医業又は病院若しくは診療所に関する広告等に関する指針（医療広告ガイドライン）」が策定された。広告に関しては，第4参照。

⑵　**医師法**（昭和23年7月30日法律201号）

　医師について，その免許（2章），業務（4章）などを定める。

　医師免許の取消し等の行政処分に関して，7条に規定されている。

　診療録の記載・保存義務は，24条2項に規定されている。保存期間は5年である。

　診療録等の開示やインフォームド・コンセントについては，厚生労働省により「診療情報の提供等に関する指針」（平成15年9月12日医政発第0912001号）が策定されている。また，特に美容医療におけるインフォームド・コンセントについて，「美容医療サービス等の自由診療におけるインフォームド・コンセントの取扱い等について」（平成25年9月27日医政発0927第1号）が定められた。

⑶　**医薬品，医療機器等の品質，有効性及び安全性の確保等に関する法律**
（旧薬事法。昭和35年8月10日法律145号）

　医薬品，医療機器等に関して規制する。

　医薬品等を製造販売する場合には，厚生労働大臣の承認を受けなければならない（14条，23条の2の5）。

第1章　総　論

美容医療で問題となる，いわゆる「薬監証明」については，既述のとおりである。

(4)　不当景品類及び不当表示防止法 （昭和37年5月15日法律134号）

公正な競争を確保することにより，消費者が適正に商品・サービスを選択できる環境を守るため，不当な表示や過大な景品類を規制するものである。

優良誤認（5条1号），有利誤認（5条2号）が規制されているところ，美容医療サービスもその例外にはならない。

第4参照。

(5)　消費者契約法 （平成12年5月12日法律61号）

事業者の一定の行為により消費者が誤認し，又は困惑した場合は，契約の申込み又はその承諾の意思表示を取り消すことができる。

美容医療の契約締結の際にも，消費者契約法に基づく取消しができる事案でないか検討すべき場合が少なくない。

第3参照。

(6)　特定商取引に関する法律 （昭和51年6月4日法律57号）

消費者被害の防止を図るため，訪問販売等，業者と消費者の間における紛争が生じやすい取引について，勧誘行為の規制等，紛争を回避するための規制及びクーリング・オフ制度等の紛争解決手続が設けられている。

エステは以前から特定継続的役務として規制対象であったが，平成29年6月30日に公布された施行令改正により，美容医療（人の皮膚を清潔にし若しくは美化し，体型を整え，体重を減じ，又は歯牙を漂白するための医学的処置，手術及びその他の治療）が追加指定された。

第3参照。

第2　美容医療による被害

第2 美容医療による被害

① 美容医療契約の法的性質

(1) 美容医療の医療行為性

　美容医療は，患者の生命維持や健康回復・増進を目的とせず，健康体である者のより美しくなりたいという主観的願望を満足させることを目的とすることから，美容医療がそもそも「医療行為」に当たるか否かが議論されてきた。

　この点につき，判例[3]，学説上も美容医療を（広義の）医療行為に属すると考える見解が多い[4]。

　このように，美容医療が広義の医療行為に含まれるとしても，美容医療は医学的必要性，緊急性が乏しく，患者の主観的願望を満足させるためのものであるという特質を有することから，医療契約の法的性質や医師の注意義務において，通常の医療行為とは異なるのか議論されている[5]。

(2) 美容医療契約の法的性質

　一般に診療契約の法的性質については，①準委任契約，②請負契約，③無名契約等とする見解があり，裁判例は準委任契約と解するものが多い。もっとも，美容医療については，患者が希望する結果が明確であること，医療行為の医学的必要性・緊急性が乏しいという特質により，以下2に述べる医師の注意義務の程度においても，他の医療行為より注意義務が高度化すると指摘されている。

　3）東京地判昭47・5・19（判タ280号355頁）は「人々の美しくありたいと願う美に対する憧れとか醜さに対する憂いといった人々の精神的な不満の解消を目的とした消極的な意味での医療行為であって」「社会的に有用なものとしてその存在価値を認められるべき広義の医療行為に属すると解される」と判断した。

　4）医療法の改正により，昭和53年より「美容外科」が標榜診療科目に加えられ，平成20年より「美容皮膚科」も標榜可能となっている。

　5）美容整形の医療行為性については，『新・裁判実務大系⑴』362頁以下（廣瀬美佳）が詳しい。

第1章　総　論

② 美容医療における医師の注意義務

(1)　法的構成

　医療事件において損害賠償を請求する場合，診療契約上の責任を問う構成（債務不履行構成）と不法行為構成がある。

　美容医療にかかる契約も準委任契約と解すれば，医療機関が患者に対して善管注意義務（民656，644条）を尽くしたか否かが問題となる。この注意義務の基準となるものは，診療当時のいわゆる臨床医学の実践における医療水準となる（後述(3)）。

　患者が，不法行為に基づいて損害賠償請求をする場合は，医療従事者に故意過失があることを主張・立証するが，不法行為構成における「過失」と債務不履行構成における「注意義務違反」は実質的に変わるところはないとされている。

　そして，上記要件を検討するにあたっては，結果発生の医学的機序（どのようなメカニズムによって被害が生じたのか）を明らかにする必要がある。医学的機序を明らかにすることによって，医師が注意義務を尽くしていれば，不都合な結果を避けることができたかを解明することができる。

(2)　注意義務の内容

　美容医療は，前述したとおり，当該施術を実施する医学的必要性，緊急性に乏しいという特殊性があることから，学説上，検査や手術等に関する医師の注意義務は，他の医療より慎重さを求められ，高度なものになると指摘されている[6]。

　美容医療に関する医師の注意義務について言及した裁判例として，以下の裁判例がある。

---

　6) 美容医療における注意義務が高度化するとの見解は，医学的必要性・緊急性が乏しいことに論拠があると言える。医学的必要性・緊急性が乏しいことから慎重に対応しうるのは，主に検査，診断，説明の場面であると考えられる。もっとも，美容医療が「結果債務に近いものを持っている」として，美容医療においては施術の目的を達することができなかった場合は，医師の過失を推認することができるように思われるとの見解もある（「医療訴訟の現状と将来」判タ1401号5頁）。

16

大阪地判平19・12・12 (医療訴訟ケースファイルVol.4・410頁)

「美容整形施術は，疾病や負傷を治療する一般の医療行為と異なり，施術の医学的必要性・緊急性が低いのが通常であり，その目的は，もっぱら患者の美しい容ぼうになりたいという願望を満たすところにあるというべきであるから，美容整形施術を実施する医師としては，そのような患者の主観的な願望に沿った結果が得られるよう，細心の注意を払って適切に施術を行うべき注意義務を負っているというべきである」と判示した。

京都地判平5・6・25 (判タ841号211頁)

「いわゆる美容外科手術は，純然たる治療を目的とするものではなく，より美しくなりたいという患者の主観的な願望を満足させるために行われるものであるから，美容外科医としては，手術施行による悪しき結果の可能性の程度につき，できる限り慎重に勘案・検討した上で，手術適応を診断する注意義務を負うものというのが相当である」と判示した。

東京地判平15・7・30 (判タ1153号224頁)

「豊胸手術は単に胸を豊かにすることをもって事足りるものではなく，むしろそれにより，患者の願望を満たすことが重要であって，豊胸手術による傷痕が目立たないようにしたいと考えていた原告にとっては，豊胸手術を受けたことが容易に他人に覚知されるのでは意味がないのであり，傷跡が目立つ形で残っても胸が大きくなったからある程度は目的を達したなどとは到底いうことができない」と判示した。

(3) 注意義務の判断―医療水準論

美容医療にかかる契約も準委任契約と解すれば，注意義務違反は医療水準[7]を満たしたものであるか否かにより判断されることになる。

---

7) 医師の注意義務の基準となるべきものは，「診療当時のいわゆる臨床医学の実践における医療水準である」とされる（最三小判昭57・3・30判タ468号78頁（未熟児網膜症に関する高山日赤事件））。また，医療水準が全国一律のものであるかにつき，「…知見が当該医療機関と類似の特性を備えた医療機関に相当程度普及しており，当該医療機関において右知見を有することを期待することが相当と認められる場合には，特段の事情が存しない限り，右知見は右医療機関にとっての医療水準である（最判平7・6・9判時1537号3頁等）とされている。

第1章　総　論

　この点，医療水準（医学的知見）を示す資料としては，医学雑誌やガイドライン，添付文書等があるとされているが，美容医療においては，ガイドライン等が存在しない分野も多く，医療水準の認定が困難な場合もあるとされる。

　また，ヒアルロン酸やコラーゲンなど医薬品製剤を注入する場合，注入剤の用法が添付文書違反であり，医療水準に適合しないと主張されることがある。医療水準と添付文書について判断した最高裁判例として，最三小判平8・1・23（ペルカミンＳ事件）（判時1571号57頁）[8]があるが，適用外使用の場合は，上記判決の射程外であると認定された裁判例が出されており（大阪地判平28・3・15判タ1424号218頁），慎重に検討する必要がある（第2章第3の3参照）。

(4)　医療水準と医療慣行

　美容医療においては，各美容医療施設がウェブサイト等で施術の効果をうたう広告を載せていることが多く，医療訴訟の現場ではこのような美容医療施設のウェブサイトなどが書証として提出されることもある。しかしながら，美容医療の臨床現場で実際に行われている，いわゆる「医療慣行」は，医療水準を判断する一つの資料とはなるものの，必ずしも医療水準と一致するものではない。前述の最三小判平8・1・23（ペルカミンＳ事件）は，「医療水準は，医師の注意義務の基準（規範）となるものであるから，平均的医師が現に行っている医療慣行とは必ずしも一致するものではなく，医師が医療慣行に従った医療行為を行ったからといって，医療水準に従った注意義務を尽く

8）虫垂炎に罹患した少年（当時7歳5か月）が病院で虫垂切除術を受けたところ，手術中に心停止となり，蘇生はしたものの重大な脳機能低下症の後遺障害が残存した事例。昭和47年から，ペルカミンＳの添付文書に麻酔注入後10分ないし15分までの間，2分間隔で血圧の測定をすることが注意事項として記載されていたが，本件当時（昭和49年）の医療現場では，必ずしも2分間隔での血圧測定は行われておらず，5分間隔で測定すればよいと考える医師もかなりいた。
　判決は，「仮に当時の一般開業医がこれ（添付文書）に記載された注意事項を守らず，血圧の測定は5分間隔で行うのを常識とし，そのように実践していたとしても，それは平均的医師が現に行っていた当時の医療慣行であるというにすぎず，これに従った医療行為を行ったというだけでは，医療機関に要求される医療水準に基づいた注意義務を尽くしたものということはできない。医師が医薬品を使用するに当たって右文書に記載された使用上の注意事項に従わず，それによって医療事故が発生した場合には，これに従わなかったことにつき特段の合理的理由がない限り，当該医師の過失が推定される」と判示した。

18

第2　美容医療による被害

したと直ちにいうことはできない」と判示している。つまり，当該医療慣行に，医学的知見に裏付けられた医学的合理性があるか否かを問題とする必要がある。

⑸　患者の主観的願望と注意義務

美容医療の目的が患者の美しくなりたいという願望を満たすことにあるとしても，患者が主観的に求める結果を完全に実現することを求められるものではない。

広島地判平14・9・24（裁判所ウェブサイト）は，患者が二重瞼の手術を受け，左右非対称や瘢痕が発生したと主張したことについて，「原告には少なくとも一般人が社会生活上気に留めるような二重瞼の左右非対称やはんこんが生じたとは認められない」と判示し，原告の主張を退けた（他の部位の施術についての医師の過失を認め，結論としては一部認容）。

③　美容医療における因果関係

⑴　因果関係の意義

美容医療事件における因果関係の意義，問題点は，医療事件一般における因果関係とほぼ同様と考えてよい。

因果関係とは，特定の結果が特定の事実により生じた関係にあることをいう。不法行為責任における因果関係は，成立要件に関するものと損害の範囲を確定するものとに区別することができる。債務不履行責任についても同様である。

成立要件としての因果関係は，医療従事者の過失行為と患者に生じた悪しき結果との間の事実的因果関係を指す。前述した医学的機序を前提に，現在までの事情を踏まえて，レトロスペクティブ（後方視的）に判断する。

医療訴訟における責任判断では，①診療経過の認定を基礎に，②医学的評価，③法的評価を加えるという構造をとる。その際，過失行為の立証に注意が向きがちだが，因果の流れを時系列的に整理し，①どの時点の義務違反を問題とするか，②その義務違反と結果との因果関係をどのように主張立証す

19

第1章　総論

るかが重要である。

　因果関係は，損害賠償の範囲との関係でも用いられる。損害の範囲は，相当因果関係によって画される。

(2)　立証責任，立証の程度，医療行為に関する因果関係判断の困難性

　因果関係の立証責任は，賠償請求をする原告側にある。

　訴訟上の因果関係の立証は，自然科学的証明ではなく，経験則に照らして全証拠を総合検討し，特定の事実が特定の結果発生を招来した関係を是認し得る高度の蓋然性を証明することである[9]。ここに「経験則に照らし」た「総合検討」とは，帰責判断という価値評価を内包とする歴史的事実の証明であると理解されている。

　因果関係の立証の程度は，高度の蓋然性の証明が要求される。高度の蓋然性とは，通常人が疑いを挟まない程度に真実性の確信を持ち得るものをいう。心証の程度はおおむね80％と言われる。

　不作為の医療行為の因果関係についても上記立証の程度は異ならないが[10]，高度の蓋然性が否定される場合でも，死亡当時になお生存していた相当程度の可能性が認められる場合は，当該法益侵害による慰謝料請求が認められる[11]。重大な後遺症が残らなかった相当程度の可能性が認められる場合についても同様である[12]。

　医療分野の因果関係においては，①因果の流れが身体内部で進行することが多い，②医療行為による患者の身体・精神反応が個別性を有する，③医療行為は一定の裁量の範囲中で試行錯誤的に繰り返されることが多い，④医療行為が専門的・技術的であるという特性を有する，⑤追試試験が不可能である，⑥医学上，未解明の分野が存在する等の事情が存在するため，患者に発生した悪しき結果の原因行為の特定，同原因行為が患者の生命，身体に与えた効果・影響等を明らかにすることが困難な状況にある。

　9）　最判昭50・10・24（民集29巻9号1417頁）〔ルンバール事件〕
10）　最判平11・2・25（民集53巻2号235頁）〔肝癌事件〕。同判例では,悪しき結果は単なる死亡ではなく，現実に生じた当該時点での死亡と考えられている。
11）　最判平12・9・22（民集54巻7号2574頁）〔心筋梗塞事件〕
12）　最判平15・11・11（民集57巻10号1466頁）〔急性脳症事件〕

このような因果関係の証明の困難性，救済の必要性に鑑み，医療訴訟実務では，原告が因果の経過の基本的な骨格部分について，高度の蓋然性が認められる程度の立証をした後，被告が他原因を主張する場合，裁判所は，他原因の具体的根拠，証拠は被告側が提出するよう促している。

(3) 事実的因果関係の主張・立証方法，認定要素

事実的因果関係の主張・立証については，原因行為が作為の場合，原告側は医師の不適切な行為によって悪しき結果が発生したことを推認させる間接事実を積み上げて立証する。原因行為が不作為の場合は，その時にとるべきであった適切な行為の内容を特定し，適切な行為を行っていれば，悪しき結果が発生しなかったであろうことを同様に立証する。

医療事件における因果関係の認定は，①不適切な医療行為（医療行為の不手際），②医療行為と結果発生の時間的接着性，③一般的統計的因果関係，④他原因の存在の有無等の間接事実をもとに，経験則により事実上の推定を働かせて判断される。[13]

①の不手際は，客観的に不満足な点があるか否かであり，過失とされるか否かは問わない。重大な多くの不手際を主張立証するほど因果関係が認定され易くなる。②について，例えば，二重瞼手術から10日後の眼瞼膿瘍の存在は，時期的にみても手術と直接，間接に因果関係を持つ可能性が高いとした裁判例がある。[14] 手術後の痛みや腫れについても同様である。[15] ③は，同種の医療行為により，同種の結果が発生する一般的，統計的可能性はどの程度あるのかということである。[16] 一般的統計的因果関係は不作為の因果関係の判断に

---

13) なお，遠藤賢治「医療過誤訴訟の動向(2)」司法研修所『司法研修所論集1973-1』117頁以下（法曹会，1973年）は，上記①〜④に加え，⑤医療行為の量と結果発生率，⑥医療行為の内容と結果発生率，⑦医療行為と生体反応の生物学的関連，⑧患者の特異体質，⑨不可抗力を挙げる。

14) 京都地判平7・7・13（判時1558号104頁）

15) 京都地判昭54・6・1（判タ404号123頁）は，眼瞼の手術において，切開部分を縫合し抜糸したが，同手術後に患部に痛みと異物感を生じ，その後，眼瞼部に残存していた絹糸の除去後，同症状がなくなったことは，残存した絹糸に起因してこれらの障害を生じさせたことを推認させるとした。

16) 美容医療事件ではないが，最判昭44・2・6（民集23巻2号195頁）〔水虫放射線障害事件〕は，統計上の因果関係があること等の事情を総合して，レントゲン照射と皮膚癌との事実的因果関係を認めた。

21

第1章　総　論

おいて，重要なポイントとなる。

　④について，医療機関側から当該悪しき結果は，前医又は後医による診療行為，あるいは患者のアレルギーにより生じたなどと主張されることがある。

　これらの間接事実は，裏付けとなる当該施術の診療記録，術前・術後の写真，前医・後医の診断書や診療記録，医学的文献等を提出して立証するが，美容医療分野，特に最新の施術，当該クリニック独自の施術では，当該施術の適応，効果，随伴する合併症等について，医学文献，統計的資料の獲得が難しいという問題がある。

　美容医療事件における医師の説明義務違反と医療行為の実施，損害との因果関係[17] については，後記5(1)において詳述する。

④　美容医療事件における損害

(1)　損害の意義，範囲，算定

　損害とは，もし加害行為がなかったとしたならばあるべき利益状態と，加害がなされた現在の利益状態との差であると考えるのが通説・実務である（差額説）。

　故意又は過失行為によって生じた損害のうち，賠償請求が認められるのは，相当因果関係がある損害に限られる。

　医療事故における損害賠償請求においては，交通事故に関する損害賠償算定基準（いわゆる「赤い本」，「青本」等）を参考にしつつ，事案に応じて修正して損害額を算定する[18]。

(2)　損害項目

　積極損害（施術代金，治療費，入通院交通費等），消極損害（休業損害，逸失利益），

17）　具体的には，①医師等の勧誘・説明内容の不適切性（医学的知見に反すること等），②説明方法の不当性・不十分性（熟慮期間を設けなかったこと等），③当該手術を受けるという判断において患者が重要視したこと（施術の効果，危険性の有無・程度等），及びこれを医師が認識していたこと等，を主張立証することが考えられる。

18）　ただし，医療事件においては，交通損害賠償の算定基準を参考にしにくい事例もあるほか，医師と患者との間に信頼関係が存在するなどの事情が見られる。

22

慰謝料，弁護士費用が主要な損害項目であり，これらを積み上げて請求するのが通常である（個別損害項目積み上げ方式）。

　ア　施術代金

　美容医療分野においては，自由診療のため施術代金自体が高額となることが少なくなく，他の診療科目の事件と比較して，過失ある美容医療行為と相当因果関係のある損害として，施術代金が主張されるケースが多いと思われる。

　診療契約は準委任契約であると考えるのが多数説であり（前記1⑵），事務処理そのものを目的とすることから，診療契約において予定された結果が実現されなかったとしても，不完全履行とはならず，医療費請求権は消滅しないのが原則である。[19]

　ただし，治療の必要性・緊急性が乏しい，美容医療契約においては，一定の結果が相当程度確実に実現し得ることを前提に診療契約を締結していると考えられるが少なくない。このような場合，請負的要素があることを考慮して，当該事例の個別具体的事情に応じて医療機関の過失行為から生じた結果について，その処置自体を無価値と評価し，当該美容医療行為の施術代金を認める裁判例がある。[20]

　京都地判平7・7・13（判時1558号104頁）

　　二重瞼手術後の細菌感染により，右眼に著しい視力低下等の障害を生じた事案で，原告が被告に支払った本件手術の予約金及び手術費用は，被告の債務不履行によって生じた損害とは認められないと判示した。

19）なお，美容整形手術ではないが，黄斑部網膜上膜形成症に対する黄斑上膜手術等の後に患者の視力が矯正不能な状態まで低下した事案で，診療契約が準委任契約であり，治療費については，診療行為の内容が契約当初に予定された範囲に属する限りは原告が支払うべきものであり，診療行為に違法な点があったことにより増加した部分についてのみ，当該違法行為によって生じた損害と評価すべきものと判示して，当初の予定から延長された入院期間に要した治療費のみを損害として認めた裁判例がある（東京地判平18・7・28判タ1253号222頁）。

20）なお，請負的な要素が強くない医療行為についても，医療機関の過失により診療行為が価値のないものと判断されるような場合には，治療費が損害に当たると考えることが可能である。

第1章　総　論

東京地判平15・7・30 (判タ1153号224頁)

　豊胸手術において，切開位置を誤った過失により，左胸の外から目立ちやすい位置に手術の傷跡を残した事案で，被告が本件手術のうち，胸を大きくするという点については成功（満足）していると反論したのに対し，豊胸手術は単に胸を豊かにすることをもって事足りるものではなく，患者の願望を満たすことが重要であり，原告にとっては豊胸手術を受けたことが容易に他人に覚知されるのでは意味がないのであり，傷跡が目立つ形で残っても胸が大きくなったからある程度は目的を達したなどとは到底いうことができないとして，本件手術の目的が達成されなかったと認め，原告が被告に支払った豊胸手術費用全額及びその後他院で受けた瘢痕修復手術費用を損害と認めた。

東京地判平19・1・29 (裁判所ウェブサイト)

　豊胸手術において，他院で施術したバッグを取り出して新しいバッグを挿入するに際し，左乳房について少なくとも右乳房と同程度の剥離位置を確保すべき義務に違反して，左乳房が著しく不自然な形状になったと認められた事案について，上記結果が生じたことにより，本件手術が無駄に帰し，再手術が必要になったとして，原告が被告に支払った手術費用全額を損害と認めた。

イ　治療費

　過失ある医療行為（原医療行為）の結果生じた障害，感染等の治療費も損害となる（主要施術の合併症の種類と特徴については各論を参照）。ただし，当該治療の必要性と相当性が要求される。治療費の請求については，以下の裁判例が参考となる。

東京地判平17・1・20 (判タ1185号235頁)

　合計5回の豊胸術（①経腋窩大胸筋下食塩水バッグ挿入術，②バッグ入替術，③バッグ入替術等，④バッグ除去と経腋窩大胸筋上乳腺下バッグ挿入術，⑤バッグ除去術）により，胸部全体に内出血，左右の乳房下部に皮膚と胸壁の癒着，搬痕化等の状態が生じた事案において，4回目のインプラント挿入

第2　美容医療による被害

による豊胸術について，効果が期待できず，危険性も非常に高いことを説明しなかった説明義務違反を認め，被告クリニックにおける第4回手術日以降の手術費・治療費に加え，他院においてインプラント除去後の改善処置に要し費用全額（320万円）について，同手術によって生じた胸部の状況を改善するために必要かつ相当であり，説明義務違反と相当因果関係のある損害であると認めた。

ウ　再施術代金

原医療行為による障害等の治療に加えて，原医療行為と同様の手術を受け直した場合，この手術代を相当因果関係のある損害と認めるか否かについては議論がある。同内容の手術を一度は受けたといえる場合には，二重取りを認めることになる（無料で治療を受けたのと同じ結果になる）ことを理由に損害と認めることに否定的な見解がある。再施術費用の請求については，以下の裁判例が参考となる。

大阪地判平13・4・5（判時1784号108頁）

両胸の豊胸手術（第1回手術）により，左右の乳房の高さに差異が生じたため，その修正のため左胸部分の再手術（第2回手術）を受けたが，今度は左胸に二段腹状の段差が残ったため，この段差を解消するため他院において両胸の修正手術を受けたという事案で，被告の過失は第2回手術において段差発生防止の措置を講じなかったことであるから，第1，第2回手術代金相当額は，当該過失と相当因果関係のある損害には該当しないとしてこれを損害と認めず，修正手術について，原告が右胸についてまで再手術を受けたのは左右ともサイズを大きくしたいという原告の希望によるものであるから，他院における左胸の修正手術に要する費用のみを被告の過失と相当因果関係のある損害と認めた。

エ　休業損害，逸失利益

美容医療行為による休業損害については，精神的打撃による休業を主張する場合があるが，その場合，当該精神的打撃の程度により，休業がやむ

25

第1章　総　論

を得なかったと認められるか否かが問題とされる。

　後遺症による逸失利益を請求する前提として，当該傷害の症状固定を要
するのが原則である。症状固定とは，「治療を続けてもそれ以上の症状の
改善が見込めない状態」をいう。

　美容医療による後遺症については，休業損害と同様，被告側から労働能
力喪失が認められないという主張がなされる場合があるが，後遺障害の内
容及び程度と被害者の現在又は将来の職業との相関関係を考慮して判断さ
れると考えられる[21]。

　休業損害，逸失利益が問題となった裁判例として以下のようなものがあ
る。

京都地判平7・7・13 (判時1558号104頁)

　二重瞼手術後の細菌感染により右眼に著しい視力低下等の障害を生じ
た事案で，原告は，本件手術後は，退職せざるを得なくなり，その後結
婚して専業主婦となったこと，右眼について，視力が落ちた他，遠近感
が悪くなり，日常生活において細かい仕事ができなくなった等の事実を
認めて，医師が事務作業等の就業はしても差し支えないと指示するまで
の休業損害を認めた。

東京地判平13・7・26 (判タ1139号219頁)

　顔面輪郭の修正のため頬骨と下顎骨を削る手術を受けた事案で，下顎
骨手術について説明義務に違反して，患者の主観的願望に反した結果を
生じさせたこと，さらに，オトガイ神経を損傷させた過誤を認めたが，
原告が本件手術結果に精神的打撃を受けたとしても，そのような事実を
もって直ちに，休業との間の相当因果関係を認めることはできないとし
た。

福岡地判平5・10・7 (判時1509号123頁)

　整形目的の陥没乳頭手術について，説明義務違反による乳頭部の瘢痕，

---

21) 外貌の醜状障害による逸失利益について，公益財団法人日弁連交通事故相談センター
　東京支部編集『民事交通事故訴訟・損害賠償請求額算定基準　2011年版下巻』39〜55頁
　参照。労働能力喪失については，最判昭56・12・22（民集35巻9号1350頁）参照。

壊死，乳房の授乳機能の喪失という後遺障害を認めたが，女子の乳房は
日常生活において他人に露出することのない部分であること，代替的授
乳手段があり，日常生活や家事労働に支障がないことを理由に，同後遺
障害による労働能力の喪失は認められないとして，逸失利益を否定した
（ただし，慰謝料700万円を認めた）。

オ　慰謝料

慰謝料は，生命，身体等を侵害されたことによって受けた精神的損害を
金銭的に賠償するものである。死亡慰謝料，後遺症慰謝料，入通院慰謝料，
近親者慰謝料がある。当該事案に特殊な事情は，慰謝料の増額事由として
主張する。

美容医療は，患者の主観的な願望を満足させるという目的を有するとい
う特質があるが，手術が客観的に失敗とまではいえなくても患者の主観的
な願望に反するような結果が生じた場合について，説明義務違反による慰
謝料を認めた裁判例がある。

説明義務違反が認められても，損害との因果関係が認められない場合，
自己決定権の侵害に基づく慰謝料のみが認められる。

慰謝料に関し参考となる裁判例として，以下のようなのがある。

東京地判平13・7・26（判タ1139号219頁）

前記エに記載した顔面輪郭修正術について，患者の主観的願望に反し
た結果が生じたとして医師の説明義務違反を認めた。ただし，手術結果
は，患者の主観的願望を充たさないというにとどまり，必ずしも客観的
に過大であったとまではいえないこと，オトガイ神経領域の麻痺以外の
症状については，患者の心理的影響が否定できないとして，原告が被っ
た精神的苦痛に対する慰謝料として200万円をもって相当と判示した。

東京地判平17・11・21（裁判所ウェブサイト）

老人性眼瞼下垂修正術を受けたが顔貌にほとんど変化が生じなかった
事案について，医師から事前に十分な説明を受けることができなかった
ために，症状改善の効果がより大きい幅での切除を受けることができな

第1章　総　論

かったという原告の主張を認め，被告の説明義務違反がなければ，原告
は本件手術におけるよりも大きな幅での切除を希望し，そのような切除
術を受けてより大きな症状改善の効果を享受できたものと推認し，原告
がもう一度同様の手術を受けざるを得ないこと，同手術を受ける時期が
遅れたこと等により受けた精神的苦痛について，諸般の事情を総合考慮
して慰謝料30万円を認めた。

徳島地判平10・7・31 (判タ1041号237頁)

　過去に他院で腋臭症の手術を受けたことのある患者が被告医院で腋臭
症の手術を受け，手術部の皮膚がしわになり瘢痕化した事案で，説明義
務違反を認めたものの，予想される瘢痕の具体的状況，異常があれば再
来院の必要があること等を説明したとしても，患者が手術を望んだ可能
性を否定できないとして，説明義務違反と原告の損害との因果関係を否
定し，必要十分な判断材料の下で同手術を受けるか否かを決定する利益
を奪われた精神的苦痛の慰謝料として20万円を認めた。

⑶　**過失相殺**

　被害者にも一定の落ち度があり，損害の発生，拡大に寄与している場合，
公平の観点から過失相殺をして，損害賠償額が減額されることがある。

　ただし，被害者側の過失の有無・程度は，加害者側の過失や非難可能性と
比較対照した上で，評価するという見解 (相対説) が実務であり，診療契約
においては，診断と治療は専門家である医師側に委ねられることから，患者
側の落ち度を強調するのは妥当でないことが多いと考えられる。

　裁判例においては，①患者側の病状申告等が不十分な場合，②患者の医師
の説明への対応に問題があった場合，③患者が手術の危険を引き受けたと認
められる場合，④患者が診断，治療過程において医師の指示に従わなかった
場合等に過失相殺が認められている。

　②は，医師による説明の受け取り方が安易な場合や患者が書面による説明
を読まずに当該施術を受けた場合などである。美容医療においては，患者の
主観的な願望に基づき，患者の自己決定により施術が実施されるという観点

から，当該手術適応に問題があり，当該手術の危険性が現実化した場合に，③を理由に過失相殺を認めた裁判例が存在する。

美容医療において，過失相殺を認めた裁判例として以下のようなものがある。

東京地判平9・11・11（判タ986号271頁）

二重瞼の修正術について，注意義務を列挙した書面を交付しただけでは足りないとして，手術の危険性を口頭で具体的に平易に説明しなかった説明義務違反を認めたが，患者が同書面を見せられたにもかかわらず読まなかったことを斟酌して，1割の過失相殺を認めた。

大阪地判昭48・4・18（判時710号80頁）

下眼瞼の異物除去手術により外反症状が出現した事案について，事前の診断を格別慎重に行い，手術の実施もできる限り慎重かつ小刻みになす注意義務違反を認めたが，患者が当該手術が困難で，敢行すると外反を来す可能性が大きいことを告げられていながら，あえて被告に手術を依頼した点が軽率であったとして，1割の過失相殺を認めた。

京都地判平5・6・25（判タ841号211頁）

豊胸手術において，右胸にシリコンパックを再挿入する第2回手術によって，異物挿入による炎症反応（セローマ），膿瘍を生じた事案で，同手術について，即時施行した手術適応判断の誤り，滅菌措置の不適切という過失を認めたが，患者が医師から同手術の危険性について説明を受け，これを理解，承知しながらその施行を求めたことについて，2割の過失相殺を認めた。

5 説明義務違反

医師が負う説明義務は，一般に三つに大別され，具体的には，(1)インフォームド・コンセントの前提としての説明義務，(2)療養指導としての説明義務，(3)治療後の説明義務（顛末報告義務）の三つである。

(1)の説明義務は患者の自己決定権の保障にその根拠を求め，上記(2)の説明義務は医療行為の一環として説明されるため，当時の医療水準に合致するか

第1章　総論

否かによって決定される。

(1)　自己決定権の前提となる説明義務

ア　インフォームド・コンセントの歴史

1947年	ニュルンベルク綱領
1964年	世界医師会総会 「人間を対象とする医学研究の倫理的原則」 （ヘルシンキ宣言）
1981年	世界医師会総会 「患者の権利に関するWMAリスボン宣言」
1990年	日本医師会「説明と同意に関する報告書」
1997年	医療法改正

　インフォームド・コンセントの考え方は，ナチスドイツの人体実験の反省から，1947年にニュルンベルク裁判にて，臨床研究の分野で提示された（ニュルンベルク綱領）。その後，1964年のヘルシンキ宣言の中で実験的医療の分野でインフォームド・コンセントが必要であることが明記される。1981年に採択されたリスボン宣言の中では，治験・臨床研究にとどまらず一般医療におけるインフォームド・コンセントが明記された。日本では1990年の「説明と同意に関する報告書」でインフォームド・コンセントを「説明と同意」と和訳し，1997年には医療法が改正され，同法1条の4第2項にて努力義務ではあるが医療従事者の適切な説明が法的義務とされた。

イ　インフォームド・コンセントの前提としての説明義務

　インフォームド・コンセントは，患者が自己に対してどのような治療等を行うのか自主的に選択・決定するもので，自己決定権に根拠を置く。

　もっとも，患者は医学知識を有していないことが通常であるから，自己決定権を実現する前提として，医師と情報を共有する必要がある。そこで，患者の自己決定権を保障すべく医師に説明義務が課されることとなる。

ウ　説明義務の実定法上の根拠

　説明義務の実定法上の根拠について，乳房温存療法に関する説明義務が問題となった最三小判平13・11・27（民集55巻6号1154頁）は「診療契約に

30

基づき……説明すべき義務がある」としており，実定法上の根拠を診療契約に求めている。

そして，診療契約が準委任契約と解されているところ（民656条），医師が提供する医療という役務が高度に専門化していることからすれば，その提供する役務について治療という目的に適ったものであることを委任者の患者に説明するために情報を提供することは受任者の報告義務（同645条）の一つと解される。

エ　説明義務の内容・程度

最三小判平13・11・27（民集55巻6号1154頁）は，医師が負う説明義務の内容について，特別の事情のない限り，①当該疾患の診断（病名と病状），②実施しようとする医療行為の内容，③医療行為に伴う危険性，④他に選択可能な治療法があればその内容・利害得失・予後等について説明すべき義務があると判示している。

この説明義務の内容は，「診療当時の臨床医学における実践における医療水準」が基準になるのが原則となる。最判昭57・3・30（集民135号563頁）は，診療当時（昭和45年初め）頃，「光凝固法は，……一般臨床眼科医はもとより，医療施設の相当完備した総合病院ないし大学病院においても光凝固治療を一般的に実現することができる状態ではなく，患児を光凝固治療の実施可能な医療施設へ転医させるにしても，転医の時期を的確に判断することを一般的に期待することは無理な状況であった」として光凝固治療についての説明義務を否定している。もっとも，その内容は必ずしも確立された医療水準のもののみに限られない。前掲最判平13・11・27は，医療水準として未確立であった乳房温存療法について，患者の乳がんについて乳房温存療法の適応可能性があること等の状況下で，医師に説明義務を認めている。

そして，美容医療は，一般に患者の生命維持等のために行われるものではなく，患者の主観的願望を満足させるために行われることから，その医療行為の医学的必要性や緊急性は低い。そのため，できる限り患者の意思を尊重すべく，十分な説明が必要となるから，医師の説明義務は加重され

第1章　総　論

ると考えられ，そのように判示する裁判例も散見されるところである（大
阪地判平27・7・8判時2305号132頁，東京地判平15・4・22判タ1155号257頁等）。

　㋐　**外貌に関わる事項**（施術の効果・確実性，合併症）

　　大阪地判平27・7・8（判時2305号132頁）は，「美容診療を受けること
を決定した者とすれば，医師から特段の説明のない限り，主観的な満足
度はともかく，客観的には当該美容診療に基づく効果が得られるものと
考えているのが通常というべきである。そうすると，仮に，当該美容診
療を実施したとしても，その効果が客観的に現れることが必ずしも確実
ではなく，場合によっては客観的な効果が得られないこともあるという
のであれば，医師は，当該美容診療を実施するにあたり，その旨の情報
を正しく提供して適切な説明をすることが診療契約に付随する法的義務
として要求されている」と判示し，美容医療に関する医師の説明義務の
中でも当該施術の効果及びその確実性に関する説明は重要な要素の一つ
となることを示している。これと同趣旨の裁判例として東京地判平25・
2・7（判タ1392号210頁），東京地判平19・3・8（裁判所ウェブサイト）な
どがある。

　　また，東京地判平18・9・25（ウエストロー・ジャパン）は，妊娠線改善
のためレーザー治療を受けたところ腹部にやけどを負い，肥厚性瘢痕や
色素沈着が生じた事案において，「レーザー治療に関しては，予測不可
能な色素沈着等の生じる可能性が認識されており，そのことは，美容整
形を望む患者にとって重大なことであるから，被告クリニックの医師ら
は，そのことを十分に原告に説明すべき義務がある」と判示し，外貌に
関わる合併症については十分に説明すべきことを求めている。この裁判
例と同趣旨の裁判例として，東京地判平7・7・28（判時1551号100頁）
などがある。

　　以上のように，当該施術の効果やその確実性のほか，瘢痕や傷跡，色
素沈着などの外貌に影響を与えるような合併症については，説明義務の
内容として重視されている。美容医療が美容を目的とするものであるこ
とからすれば，当然の帰結と思われる。

㈡　熟慮の機会が求められること

　最二小判平18・10・27（判時1951号59頁）は，未破裂脳動脈瘤の存在が確認された患者がコイル塞栓術を受けたところ術中にコイルが瘤外に逸脱するなどして脳梗塞が生じ死亡した事案について，「医療水準として確立した療法（術式）が複数存在する場合には，患者がそのいずれを選択するかにつき熟慮の上判断することができるような仕方で，それぞれの療法（術式）の違いや利害得失を分かりやすく説明することが求められる」と判示し，必要性・緊急性が低い予防的医療において熟慮の機会を求めている。上記のとおり，美容医療も医学的必要性や緊急性が低いものであるから，この事案同様，熟慮の機会が要求される類型と考えられる。

　平成25年9月27日医政発0927第1号通達においても，美容医療について，「即日施術の必要性が医学上認められない場合には，即日施術を強要すること等の行為は厳に慎まれるべきであること。やむを得ず即日施術を受けることを希望する者については，十分に当該即日施術の説明を行うとともに，当該即日施術を受けるかどうか熟慮するために十分な時間を設けた上で，当該即日施術を実施しなければならない」とされており，基本的に即日施術を厳に控え患者が熟慮できるよう配慮することを求めている。

㈢　広告宣伝により患者を誘引しているクリニックの説明義務

　東京地判平7・7・28（判時1551号100頁）は，患者が被告医師の執筆した書籍に誘引されて来院し腋臭，多汗症に関する手術を受けたという事案について，当該施術「に関する著書の宣伝を多数の女性週刊誌に掲載し，その記事において，傷痕を残すことなく腋臭や多汗症を完治させることができるとの極めて楽観的な記述をしているのであるから，被告は，その記事を読み，これを信じて被告医院を訪れる患者が多いことも当然知っていたはずである（むしろ，そのようにして多数の患者を誘引していたものと解される）。したがって，被告は，原告に対し，宣伝記事には載っていない治療効果の限界や危険性について，患者の誤解や過度の期待を

第1章　総　論

解消するような十分な説明を行うべきである」と判示し，被告医師が過度の期待を解消するような説明をしていなかったとして説明義務違反を認めた。

　また，前掲大阪地判平27・7・8（判時2305号132頁）は，ウェブサイトやパンフレットにおいて，当該施術について，「自分の細胞を使ってしわを取り除く究極のアンチエイジング」などと紹介する一方で，客観的に効果が得られない場合があるとか，効果には個人差があることの注意事項はなかった事案について，当該施術に興味をもって初めて来院した患者は，「被告の実施する○○等が確実に客観的な効果の得られる美容法であると誤って理解している可能性が高いというべきであるから，少なくとも初診時のカウンセリング等において，そのような誤解を改めるべく，○○等を受けたとしてもその効果は確実ではないことのほか，特段の効果を得られなかったとしても費用の返還や減額には応じられない旨の説明を行い，その理解を得る義務があったというべきである。」と判示している。

　いずれの裁判例も，ウェブサイトや他の広告媒体で宣伝している場合，宣伝の文言が過度な期待を抱かせることがあり得るが，患者に誤解を与えるきっかけを病院が作出している以上，その施術等に関する誤解を積極的に解消しなければならないことを求めている。このように積極的に誤解を解くよう求める裁判例は，その他にも複数みられるところである（東京地判平16・1・28LLI/DB判例秘書登載，東京地判平15・4・22判タ1155号257頁等）。

(エ)　施術方法が医学的に一般に承認されていないことの説明義務

　広島地判平14・9・24（裁判所ウェブサイト）は，二重瞼，鼻及び下顎の美容整形手術を受けた患者が，手術後の二重瞼の幅が左右非対称で，縫合部が化膿し瘢痕が生じた，鼻に挿入したプロテーゼが動き鼻線が曲がった，下顎に違和感やしびれが残り，しわが生じたとして損害賠償を請求した事案について，「骨膜上にプロテーゼを挿入するという本件手術の方法は，通常成書にも記載されていない特殊な手術方法で」，プロ

テーゼが動く状態となり，また鼻線が左右非対称となり曲がりやすくなるため，美容整形手術を受ける者にとって通常不快感，嫌悪感を抱く結果になってしまうとし，「このような方法による隆鼻手術を行うことは，それが一般に成書で認められていない特殊な手術方法であること及びそれによる上記のような結果について十分患者に説明して，その納得を得た上で施行した場合でない限り，違法というべきである」と判示し，説明義務違反を認めている。

　また，消費者契約法上の取消しが争点となった裁判例ではあるが，東京地判平21・6・19（判時2058号69頁）は，医療機関との間で包茎手術及びこれに付随する亀頭コラーゲン注入術を受けた事案について，「手術を受ける者は，特段の事情のない限り，自己が受ける手術が医学的に一般に承認された方法（術式）によって行われるものと考えるのが通常であり，特段の事情の認められない本件においては，……仮に亀頭コラーゲン注入術が医学的に一定の効果を有するものであったとしても，当該術式が医学的に一般に承認されたものとはいえない場合には，その事実は消費者契約法4条2項の『当該消費者の不利益となる事実』に該当する」として，同法上の取消しを認めた。

　いずれの裁判例も，医学的に一般的な方法として認められていない方法である場合にはその点についての説明を医師に求めているところである。

オ　説明義務の基準

　どの範囲まで説明義務を負うのかの判断基準について，①合理的医師説（医師の間での一般的慣行が基準となり，他の医師が通常説明していることを説明すれば足りるとする説），②合理的患者説（当該患者の置かれた状況からして合理的な患者にその情報が知らされたら当該医療行為を拒絶したか否かを基準とする説），③具体的患者説（当該患者が重要視することが予見可能な情報も知らせるべきであるとする説），④二重基準説（具体的患者説を前提に合理的医師説を重畳基準とする説）の4説が提唱されている。

　もっとも，判例がどの説に拠っているのかは明確になっておらず，説明

第1章　総　論

義務の内容については事案ごとに個別具体的に考えていくしかない。

カ　説明義務違反と損害との因果関係

　説明義務違反と損害との因果関係が認められるには，①説明義務違反がなければ（適切な説明を受けていれば）当該医療行為の実施に同意しなかったこと，②当該医療行為の実施により損害が発生したことの2段階で判断される。

　そのため，説明義務違反がなければ（適切な説明を受けていれば）当該医療行為の実施に同意せず，当該医療行為の実施による損害の発生を回避し得た高度の蓋然性があるといえる場合に，はじめて医師の説明義務違反と損害発生との間に因果関係が認められることとなる。これに対し，説明義務違反がなくとも（適切な説明を受けても）当該医療行為の実施に同意していたという場合，因果関係は否定されることとなる。もっとも，この場合でも患者の自己決定権が侵害されたものとして慰謝料の損害賠償は認められる（慰謝料の金額は事案によってまちまちだが低額にとどまる事案が多い）。

　この点，大阪地判平27・7・8（判時2305号132頁）は，美容効果の達成を目的とするという美容医療の特質に鑑みて，「美容診療を実施しようとする医師が当該美容診療による客観的な効果の大小，確実性の程度について適切な説明義務を怠った場合は，上記のような説明をしなくても美容診療を受けようとする者がすでに当該美容診療の効果が確実ではないことを認識していたなどの特段の事情のない限り，当該医師による上記説明がされなかった結果，当該美容診療によって美容効果が確実に得られるかのような錯誤に陥り，そのような誤解に基づいて当該美容診療を受けるに至ったものと認めるのが相当」と判示した。患者の多くが美容効果の達成を目的としているという美容医療の特徴から，当該施術の効果に関する説明が不十分で患者が誤解したまま同意した場合には因果関係が認められやすいことを示している。

⑵　療養指導としての説明義務（医師法23条）

　療養指導としての説明義務とは，診療中あるいは診療後において発生することが予見される危険等を回避するため，患者にその対処方法を説明すると

いうものをいう。例えば，退院時の説明や服薬指導などがこれに当たる。

この療養指導義務は，それ自体が診療行為として行われるものであるため，療養指導義務の存否・内容は，医療水準に基づいて決まることとなる。医師法23条に，「医師は，診療をしたときは，本人又はその保護者に対し，療養の方法その他保健の向上に必要な事項の指導をしなければならない」と規定しており，療養指導義務が明文化されている。

東京地判平13・7・5（判タ1089号228頁）は，陰茎にシリコンボールを挿入する手術を受けた後，挿入したシリコンボールの一部が外部に露出したという事案で，「包帯の巻き方は，シリコンボール挿入中は患部を圧迫固定しシリコンボールの露出を防ぐために重要な意味」があるため，「シリコンボール挿入術を施行した医師としては，患部の包帯交換を患者に任せる場合，包帯の巻き方，位置，強さ等を適切に指導し，さらに，患部の状況を適宜診察して包帯が適切に巻かれているかをチェックし，不適切な場合には，どのように不適切であるかを説明して巻き方を正し，浮腫の増大や陰茎表皮の擦れによる亀裂などの症状が生じないよう配慮する義務がある」ことを認定した上で，指導・説明義務違反があったと判示した。

(3) 顛末報告義務

顛末報告義務とは，診療後，主には診療行為が不首尾な結果に終わった場合に当該治療経過や原因等についての患者等へ行う説明を指す。

裁判例上，医療行為の専門性，医療情報の偏在，法的保護に値する患者・遺族の感情，知る権利などが医師の顛末報告義務の実質的根拠として挙げられている。法令上の根拠としては，受任者の顛末報告義務を定める民法656条，645条を根拠とする裁判例が多く，患者との関係ではこのように解して問題ないとされる。他方で，患者が死亡した場合の遺族に対する顛末報告義務については，患者の遺族は診療契約の当事者ではないため同法656条，645条を根拠とできないのではないかという問題がある。裁判例上は，患者の診療に携わったことを契機とする付随的な義務とするもの（広島地判平4・12・21判タ814号202頁），信義則上の義務とするもの（東京地判平9・2・25判タ951号258頁，東京地判平16・1・30判時1861号3頁等）等様々である。

第1章　総　論

　医師の顛末報告義務は，事案に応じて，適時に適切な説明を（さいたま地判平16・3・24判時1879号96頁等），誠実になされる必要があるとされている。

　なお，顛末報告義務違反を理由とする損害賠償請求をすることも考えられ，実際の裁判例でも顛末報告義務違反を理由に慰謝料請求を認めた裁判例が複数存在するところである（大阪地判平20・2・21判タ1318号173頁，東京地判平23・1・27判タ1367号212頁等）。

参考文献

黒野功久「因果関係」福田剛久ほか編『最新裁判実務大系　第2巻　医療訴訟』
　637頁（青林書院，2014年）

児玉安司『医事法判例百選第2版』別冊ジュリ219号173頁

牧山市治『最高裁判所判例解説民事篇昭和50年度47事件』476頁

中村哲「医療事故訴訟における因果関係について」判タ858号24〜26頁（1994年）

高橋譲編著『医療訴訟の実務』547，551〜552，588〜591，289，300〜301頁（商
　事法務，2013年）

川井健＝春日偉知郎・判タ330号82〜83頁（1976年）

中村也寸志「損害2（過失相殺，素因減額）」福田剛久ほか編『最新裁判実務大
　系第2巻　医療訴訟』682〜690頁（青林書院，2014年）

秋吉仁美『医療訴訟』229，344〜345，383，387〜388頁（青林書院，2009年）

医療問題弁護団『医療事故の法律相談〈全訂版〉』57〜58，60，62〜63頁（学陽
　書房，2009年）

小山稔＝西口元編集代表『医療訴訟　専門訴訟体系1』51〜52，54頁（青林書院，
　2007年）

劔持淳子「医師の顛末報告義務」判タ1304号35頁以下（2009年）

第3　美容医療の契約的側面の問題

第3 美容医療の契約的側面の問題

　美容医療は，多くが自由診療のため，対価・費用も高額となりがちである。患者が高額な対価を支払ってまで，美容医療の施術を受けるという意思決定を，瑕疵（かし）なく行うには，医療側から，患者に対し，意思決定に必要な情報の提供が適切になされていること，及び，意思決定の自由が確保されていることが前提条件となる。意思決定の過程に瑕疵が存在する場合に，以下のような消費者保護関連各法規の規定を適用することが考えられる。

❶ 消費者契約法４条

　消費者契約法４条は，事業者側の契約締結についての勧誘に際して，消費者の意思決定の前提情報が適切に提供されていない場合，消費者が，事後に，契約の申込み又は承諾の意思表示を取り消すことができる旨，定めている。これを美容医療の診療契約に当てはめると，具体的には，後述する(1)ないし(5)の場合に，消費者である患者は，事業者である医療機関に対し，診療契約の申込み又は承諾を取り消し，対価の支払いを免れることができる。そして，患者は，仮に，診療契約により利益を得ていても，現存利益[22]の範囲で，利益を返還すればよい（平成28年改正消費契約６条の２）。

　ただ，実務的には，患者側が診療契約について消費者契約法４条の取消権のみを行使した事案は少ない。医療機関側の不実の告知等についての故意の立証が難しいことや，契約を取り消すだけでは，施術代等の返還請求や支払いを免れることができるだけで，損害賠償請求ができないためと思われる。患者側が医師側に対して損害賠償請求を行うのであれば，債務不履行や不法

---

22) 施術を受けた後に，診療契約が取り消された場合の「現存利益」の考え方について，後述3(2)エ参照。

39

第1章　総　論

行為等の別の法律構成で，責任追及を行わなければならない。

　なお，消費者契約法4条の取消権は，追認をすることができるときから1年間行使しないとき，又は，当該消費者契約締結のときから5年を経過したときには，行使できない（消費契約7条，平成28年改正（平成29年6月3日施行）以前は，取消権の行使期間は，6か月であったが，同改正により，1年間となった。）。

(1)　消費者契約法4条1項1号　不実告知

　4条1項　消費者は，事業者が消費者契約の締結について勧誘をするに
　　　　　際し，当該消費者に対して次の各号に掲げる行為をしたことに
　　　　　より当該各号に定める誤認をし，それによって当該消費者契約
　　　　　の申込み又はその承諾の意思表示をしたときは，これを取り消
　　　　　すことができる。
　　1号　重要事項について事実と異なることを告げること。当該告げ
　　　　　られた内容が事実であるとの誤認

　診療契約の締結について勧誘している場合において，重要事項について事実と異なることを医療機関が告げた場合，告げられた内容を患者が事実であると誤認した場合。

【例】　効果が数年間持続するという説明のあった美容施術が，実は，数か月
　　　程度の持続期間しかないものであった場合など。

　なお，上記及び消費者契約法4条2項の「重要事項」については，平成28年改正法の同法4条5項に，次の内容の定義規定が置かれ，重要事項か否かの判断基準が明確化された。

　1号　物品，権利，役務等の質，用途などに関する内容で，消費者の判断
　　　に通常影響を及ぼすもの。
　2号　物品，権利，役務等の対価その他の取引条件であって，消費者の判
　　　断に通常影響を及ぼすべきもの。
　3号　前2号に掲げるもののほか，物品，権利，役務等が当該消費者の生
　　　命，身体，財産その他の重要な利益についての損害又は危険を回避す

るために通常必要であると判断される事情

(2) 消費者契約法4条1項2号　断定的判断の提供

> **4条1項**　消費者は，事業者が消費者契約の締結について勧誘をするに
> 際し，当該消費者に対して次の各号に掲げる行為をしたことに
> より当該各号に定める誤認をし，それによって当該消費者契約
> の申込み又はその承諾の意思表示をしたときは，これを取り消
> すことができる。
> 　**2号**　物品，権利，役務その他の当該消費者契約の目的となるもの
> に関し，将来におけるその価額，将来において当該消費者が受
> け取るべき金額その他の将来における変動が不確実な事項につ
> き断定的判断を提供すること。当該提供された断定的判断の内
> 容が確実であるとの誤認

　診療契約の締結について勧誘している場合において，医療機関が，患者に
不確実な事項につき断定的判断を提供した場合，患者が断定的判断の内容が
確実であると誤認した場合。

【例】　施術の効果が不確実であるのに，しみやしわが，絶対に消えると説明
するなど。

(3) 消費者契約法4条2項　不利益事実の不告知

> **4条2項**　消費者は，事業者が消費者契約の締結について勧誘をするに
> 際し，当該消費者に対してある重要事項又は当該重要事項に関
> 連する事項について当該消費者の利益となる旨を告げ，かつ，
> 当該重要事項について当該消費者の不利益となる事実（当該告
> 知により当該事実が存在しないと消費者が通常考えるべきもの
> に限る。）を故意又は重大な過失によって告げなかったことに
> より，当該事実が存在しないとの誤認をし，それによって当該
> 消費者契約の申込み又はその承諾の意思表示をしたときは，こ

第1章　総　論

> れを取り消すことができる。ただし，当該事業者が当該消費者
> に対し当該事実を告げようとしたにもかかわらず，当該消費者
> がこれを拒んだときは，この限りでない。

　診療契約の締結について勧誘している場合において，医療機関が，重要事項について，患者に対して患者の利益になることを告げ，かつ，患者の不利益となる事実を故意又は重過失で告げなかった場合。

【例】　メリットをうたった当該術式が医学的に一般に承認されたものとは言えない場合において，医療機関が，その事実を患者に告げなかった場合（東京地判平21・6・19判時2058号69頁）など。

　従来は，不利益事実の不告知について，「故意」のみを要件としているが，実務においては，「故意」の存在の立証は難しい等の理由から，平成30年改正では，「重過失」を要件に加えることとなった（平成31年6月15日から施行）。

⑷　**消費者契約法4条3項　消費者を困惑させる行為**

> **4条3項**　消費者は，事業者が消費者契約の締結について勧誘をするに
> 際し，当該消費者に対して次に掲げる行為をしたことにより困
> 惑し，それによって当該消費者契約の申込み又はその承諾の意
> 思表示をしたときは，これを取り消すことができる。
> 　**1号**　当該事業者に対し，当該消費者が，その住居又はその業務を
> 行っている場所から退去すべき旨の意思を示したにもかかわら
> ず，それらの場所から退去しないこと。
> 　**2号**　当該事業者が当該消費者契約の締結について勧誘をしている
> 場所から当該消費者が退去する旨の意思を示したにもかかわら
> ず，その場所から当該消費者を退去させないこと。
> 　**3号**　当該消費者が，社会生活上の経験が乏しいことから，次に掲
> げる事項に対する願望の実現に過大な不安を抱いていることを
> 知りながら，その不安をあおり，裏付けとなる合理的な根拠が
> ある場合その他の正当な理由がある場合でないのに，物品，権

利，役務その他の当該消費者契約の目的となるものが当該願望を実現するために必要である旨を告げること。

　イ　進学，就職，結婚，生計その他の社会生活上の重要な事項

　ロ　容姿，体型その他の身体の特徴又は状況に関する重要な事項

4号　当該消費者が，社会生活上の経験が乏しいことから，当該消費者契約の締結について勧誘を行う者に対して恋愛感情その他の好意の感情を抱き，かつ，当該勧誘を行う者も当該消費者に対して同様の感情を抱いているものと誤信していることを知りながら，これに乗じ，当該消費者契約を締結しなければ当該勧誘を行う者との関係が破綻することになる旨を告げること。

5号　当該消費者が，加齢又は心身の故障によりその判断力が著しく低下していることから，生計，健康その他の事項に関しその現在の生活の維持に過大な不安を抱いていることを知りながら，その不安をあおり，裏付けとなる合理的な根拠がある場合その他の正当な理由がある場合でないのに，当該消費者契約を締結しなければその現在の生活の維持が困難となる旨を告げること。

6号　当該消費者に対し，霊感その他の合理的に実証することが困難な特別な能力による知見として，そのままでは当該消費者に重大な不利益を与える事態が生ずる旨を示してその不安をあおり，当該消費者契約を締結することにより確実にその重大な不利益を回避することができる旨を告げること。

7号　当該消費者が当該消費者契約の申込み又はその承諾の意思表示をする前に，当該消費者契約を締結したならば負うこととなる義務の内容の全部又は一部を実施し，その実施前の原状の回復を著しく困難にすること。

8号　前号に掲げるもののほか，当該消費者が当該消費者契約の申込み又はその承諾の意思表示をする前に，当該事業者が調査，情報の提供，物品の調達その他の当該消費者契約の締結を目指

第1章　総　論

> した事業活動を実施した場合において，当該事業活動が当該消
> 費者からの特別の求めに応じたものであったことその他の取引
> 上の社会通念に照らして正当な理由がある場合でないのに，当
> 該事業活動が当該消費者のために特に実施したものである旨及
> び当該事業活動の実施により生じた損失の補償を請求する旨を
> 告げること。

　平成30年改正により，消費者契約法4条3項に3号ないし8号が追加され
た（平成31年6月15日から施行）。
　美容医療で問題になり得るのは，2号の退去妨害，3号の不安をあおる告
知，7号の契約締結前の債務の実施であろう。
　ア　退去妨害（2号）
　　医療機関が，クリニック等で診療契約の締結について勧誘している場合
において，患者が退去する旨の意思表示をしていたにもかかわらず，患者
を退去させない場合など。
　【例】　患者が，美容施術の勧誘を断り，帰ろうとしているのにもかかわら
　　　ず，引き留め，執ように説明を続けて，診療契約を締結させた場合な
　　　ど。
　イ　不安をあおる告知（3号）
　　医療機関が，合理的な根拠もなく，施術を受けない場合，患者に不利益
が生じることを告げる場合など。
　【例】　医療機関が，施術を受けないと3年後には，しわが増える，深くな
　　　る等の不利益が生じることを告げること。
　ウ　契約締結前の債務の実施（7号）
　　医療機関が，診療契約の締結前に，施術をしてしまう場合など。
(5)　消費者契約法4条4項　過量な内容の契約

> 4条4項　消費者は，事業者が消費者契約の締結について勧誘をするに
> 　　際し，物品，権利，役務その他の当該消費者契約の目的となる

ものの分量，回数又は期間（以下この項において「分量等」という。）が当該消費者にとっての通常の分量等（消費者契約の目的となるものの内容及び取引条件並びに事業者がその締結について勧誘をする際の消費者の生活の状況及びこれについての当該消費者の認識に照らして当該消費者契約の目的となるものの分量等として通常想定される分量等をいう。以下この項において同じ。）を著しく超えるものであることを知っていた場合において，その勧誘により当該消費者契約の申込み又はその承諾の意思表示をしたときは，これを取り消すことができる。事業者が消費者契約の締結について勧誘をするに際し，消費者が既に当該消費者契約の目的となるものと同種のものを目的とする消費者契約（以下この項において「同種契約」という。）を締結し，当該同種契約の目的となるものの分量等と当該消費者契約の目的となるものの分量等とを合算した分量等が当該消費者にとっての通常の分量等を著しく超えるものであることを知っていた場合において，その勧誘により当該消費者契約の申込み又はその承諾の意思表示をしたときも，同様とする。

医療機関が，診療契約の締結について勧誘している場合において，目的になるものの分量，回数又は期間が患者にとって通常の分量等を超えると知りつつ契約させた場合。実際には，美容医療においては，過量の判断は難しいと思われる。

（**注**）　消費者契約法4条の「勧誘」と「広告」
　　　従来は，上記の消費者契約法4条に規定する，消費者契約の締結についての「勧誘」に関して，「特定の者に向けた勧誘方法は『勧誘』に含まれるが，不特定多数向けのもの等客観的にみて特定の消費者に働きかけ，個別の契約締結の意思の形成に直接に影響を与えられているとは考えられない場合（例えば，広告，チラシの配布……等）は，『勧誘』に含まれない」（『逐条解説　消費者契約法　第2版補訂版』商事法務，2015年）という見解が一般的であったが，平成27年12月の消費者委員会消費者契約法専門調査会報告書において，勧誘につい

第1章　総　論

て「必ずしも特定の者に向けたものでなければならないわけではない」とされた。

　判例においても，最三小判平29・1・24「サンクロレラ事件」（民集71巻1号1頁）において，不特定多数の消費者に向けられたものであったとしても，そのことから直ちにその働きかけが「勧誘」に当たらないということはできないというべきである旨，判示し，不特定多数向けの広告であるからといって，一律に，消費者契約法上の「勧誘」ではないということはできないとしている。

❷　錯誤（民法95条）・公序良俗違反（民法90条）による無効

　そのほかに，民法95条の錯誤，同法90条の公序良俗違反による無効を理由として，対価の支払いを免れる法律構成も考えられるが，裁判実務では，実例は多くない。

　肝斑の治療のため，レーザー照射の施術を受けた患者が，医師の治療前の説明と異なり，色素沈着の状態になった場合に，診療契約は要素の錯誤により無効であるとされ，治療費の返還等が認められた裁判例がある（横浜地判平15・9・19判時1858号94頁）。

❸　特定商取引法による規制　美容医療・エステティック

(1)　規制対象

　従前より，エステティックサロンの美容サービス（エステティック）については，政令により特定継続的役務と指定され，特定商取引法により，消費者保護の観点から，契約について規制があったが，平成29年6月に，上記の特定継続的役務に，美容医療の一部が新たに追加された（平成29年12月1日施行）。

　ここでいう「特定継続的役務」（特定商取引法41条2項）とは，①役務の種類が，役務の提供を受ける者の身体の美化又は知識若しくは技能の向上その他のその者の心身又は身上に関する目的を実現させることをもって誘引が行われ，②役務の性質が，その目的が実現するかどうかが確実でないものであり，かつ，③政令で定めるものをいう。

政令では，美容サービスのうち，「人の皮膚を清潔にし若しくは美化し，体型を整え，又は体重を減ずるための施術を行うこと」（エステティック），「人の皮膚を清潔にし若しくは美化し，体型を整え，体重を減じ，又は歯牙を漂白するための医学的処置，手術及びその他の治療を行うこと」（美容医療）が，指定役務として定められている（特定商取引令別表4の2）。

さらに，特定商取引法施行規則31条の4においては，美容医療のうち，以下のものが，特定商取引法の「特定継続的役務」の規制の対象に限定された。これらのうち，施術（役務提供）期間が1か月を超え，かつ，対価が5万円を超えるものが，同法の「特定継続的役務」の規制の対象となる。

1　脱毛　光の照射又は針を通じて電気を流すことによる方法

2　にきび，しみ，そばかす，ほくろ，入れ墨その他の皮膚に付着しているものの除去又は皮膚の活性化　光若しくは音波の照射，薬剤の使用又は機器を用いた刺激による方法

3　皮膚のしわ又はたるみの症状の軽減　薬剤の使用又は糸の挿入による方法

4　脂肪の減少　光若しくは音波の照射，薬剤等の使用又は機器を用いた刺激による方法

5　歯牙の漂白　薬剤の塗布による方法

したがって，豊胸，隆鼻など，そして，皮膚のしわ・たるみ取りにおいても切開による方法は，依然として，特定商取引法の規制の対象外であることは注意を要する。

また，上記3号の「皮膚のしわ又はたるみの症状の軽減　薬剤の使用又は糸の挿入による方法」（例えば，ヒアルロン酸注射や糸によるリフトアップ）は，通常の場合，1か月を超える継続的な施術ではなく，単発的な施術であり，「特定継続的役務」としての規制が及ばないことが多いと思われる。

(2)　**規制の態様**

美容医療やエステティックの施術が，上記のように特定継続的役務として，特定商取引法の適用対象になると，美容外科クリニックやエステティックサロン（以下，「役務提供事業者」という）は，利用者との契約について，次のよう

第1章　総　論

な規制を受ける。

　ア　書面交付義務（特定商取引法42条）

　役務提供事業者は，利用者と契約しようとするときに，契約締結までに，特定継続的役務提供契約の概要を記載した書面（概要書面）を交付しなければならない（特定商取引法42条1項）。

　また，役務提供事業者は，利用者と契約を締結したときは，遅滞なく契約内容を明らかにする書面（契約書面）を交付しなければならない（特定商取引法42条2項）。

　これらの書面交付義務に違反すると，クーリング・オフの権利行使期間が進行しないことになり，その結果，利用者は，いつまでもクーリング・オフを行使することが可能になる。

　イ　クーリング・オフ

　クーリング・オフとは，利用者が，役務提供事業者と締結した契約について，権利行使期間（契約書面を受領した日から起算して8日間）内であれば，書面により無条件に申込みの撤回または解除できる制度である（特定商取引法48条1項）。また，クーリング・オフを行使すると，すでに役務が利用者に提供されていても，役務提供事業者は，利用者に対価の支払いを請求できない（同48条6項）。

　ただし，クーリング・オフを行使しても，未払いの施術代債務を免れ，又は，既払いの施術代の返還を受けるだけであるので，利用者が役務提供事業者に対して損害賠償請求を行うのであれば，別の法律構成で，債務不履行責任や不法行為責任の追及を行わなければならない。

　ウ　中途解約

　中途解約は，クーリング・オフの権利行使期間経過後も，利用者が契約を将来に向かって解除できる制度である（特定商取引法49条）。

　将来に向かっての解除であるので，クーリング・オフと異なり，既に受けた施術の代金等の返還請求はできない。

　また，損害賠償請求をする場合は，不法行為や債務不履行等，別の法律構成を併用しなければならないことは，クーリング・オフの場合と同様で

ある。

中途解約がなされたときは，契約に損害賠償額の予定又は違約金の定めがあり，役務提供事業者が利用者に請求できる場合でも，損害賠償等の金額に制限がある（特定商取引法49条2項）。エステティック及び美容医療では，その金額は，特定継続的役務の提供前は2万円である（特定商取引令16条別表4）。特定継続的役務の提供後は，エステティックは，2万円又は契約残額の100分の10相当額のいずれか低い額，美容医療は，5万円又は契約残額の100分の20のいずれか低い額となっている（同15条別表4）。

エ　取消権の行使

役務提供事業者が，契約の勧誘において，不実のことを告げ，または，故意に事実を告げず，それにより，利用者が誤認し契約の申込みまたは承諾の意思表示をした場合は，契約を取り消すことができる（特定商取引法49条の2第1項）。

取消しの効果は，民法121条のとおり，意思表示が初めから無効となる。したがって，契約者双方は，不当利得の返還を請求でき（民703条），利用者は，既払いの代金の返還を請求できることになる。

他方，役務提供事業者も利用者に不当利得の返還請求ができるかという問題もある，つまり，美容医療において，医療機関が，患者に対して，施術で受けた利得を，現存利益の範囲で，返還を求めることができるかという問題はある。

この点，特定商取引法と同様に，販売業者の不実告知等の行為によって締結された契約を取消す場面である消費者契約法6条の2が，取消権行使の効果として，明文で，消費者にも，利得を現存利益の限度で返還する義務を負わせたこととの整合性を考えれば，消費者側の不当利得返還義務の存在自体を否定することは難しい。

そこで，美容医療においても，理論的には，特定商取引法49条の2第1項により，取消権が行使された場合，患者が現存利益の範囲内で利得を返還する義務を負うと考えるが，美容医療の場合，特に，患者側の現存利益というものをどのように考えるかは論点となる。金銭的評価が難しい，現

第1章　総論

存する利益が観念できないなどの考え方もあり得るであろう。

4 目的隠匿型呼出販売としての訪問販売規定（特定商取引法）の適用

目的隠匿型呼出販売（アポイントメントセールス）とは，電話や郵便等の来訪要請手段で販売目的を明示せずに消費者を呼び出したり，ほかの者に比べて著しく有利な条件で契約できると消費者を誘って営業所等に呼び出したりして契約をさせる方法をいい（特定商取引令1条1号，2号），特定商取引法の訪問販売に関する規制の適用を受ける。

美容医療及びエステティックなども，アポイントメントセールスの方法で，契約の勧誘を行えば，訪問販売の一類型として特定商取引法により，①書面交付義務（特定商取引法4条，5条），②クーリング・オフ（同9条），③取消権の行使（同9条の3）などの規制の適用がある。

50

第4 美容医療の広告の問題

1 医療法による規制

(1) はじめに

　「広告」とは，「広く世間に知らせること。また，その文章」という意味である。世の中には，チラシや，ダイレクトメール，看板，出版物，インターネット上の表現など，様々な媒体に広告があふれている。

　広告は，契約関係の端緒となる。とりわけ，医療については，①人の生命・身体に関わるサービスであり，不当な広告により施術を受けた患者が受ける被害が大きい，②専門性が高いため，不当な広告があっても患者がそのサービスの質を事前に判断することが非常に困難である，という特質（医業若しくは歯科医業又は病院若しくは診療所に関する広告等に関する指針1頁（以下「医療広告ガイドライン」という。））があり，これはインターネット上の表現であろうとその他の広告であろうとさしたる差異はない。

　しかし，かつて，インターネット上の表現は，医療法に基づく規制の対象外とされており，[23]契約をめぐるトラブルは増加していった。

　この状況を踏まえ，内閣府消費者委員会から，「『広告』の概念を拡張し，医療機関のホームページも『広告』に含める」よう求める旨の建議[24]が発出された。

　その結果，厚生労働省内に設置された「医療情報の提供内容等のあり方に関する検討会」での検討を経て，広告に関する医療法等の改正や，医療広告ガイドラインの策定がなされた。

---

[23]「医療機関のホームページの内容の適切なあり方に関する指針」に基づく行政指導をすることはできたものの，自主規制を促すという形であった。
[24] 2015年7月7日付内閣府消費者委員会「美容医療サービスに係るホームページ及び事前説明・同意に関する建議」

第1章　総　論

　なお，医療広告ガイドラインは，法令ではなく，「技術的助言」（地方自治法245条の4第1項）に過ぎない。したがって，医療広告ガイドラインの記載内容に抵触するからといって，直ちに医療法違反となるものではないが，同法の解釈指針となるものと考えるべきである。

　以下，平成29年6月の医療法改正や，平成30年5月に公表された医療広告ガイドラインの内容を概観する。

医療に関する広告規制の見直し

【平成29年6月改正前】

医療法上の広告規制（折り込み広告，TVCM，看板等）	その他（ウェブサイト等）
虚偽禁止（直接罰）	対象外ホームページガイドラインに基づく行政指導（罰則等なし）
誇大等の禁止について基準の設定	
虚偽・誇大等のおそれがある際の報告徴収・立入検査	
基準違反への中止・是正命令（間接罰）	
広告可能事項を限定	

【現行】

広告その他の表示【法律上「広告」と定義】（折り込み広告，TVCM，看板，ウェブサイト等）
虚偽禁止（直接罰）
誇大等の禁止について基準の設定
虚偽・誇大等のおそれがある際の報告徴収・立入検査
基準違反への中止・是正命令（間接罰）
広告等可能事項を限定（折り込み広告，TVCM，看板等）　一部限定を解除（医療法施行規則第1条9の2）

出典：厚生労働省ウェブサイト「『医療法等の一部を改正する法律』の概要（医療に関する広告規制の見直しについて）（平成29年6月14日）」
（https://www.mhlw.go.jp/file/06-Seisakujouhou-10800000-Iseikyoku/0000171628.pdf（一部改変）

(2)　虚偽広告の禁止（医療法6条の5第1項）

（医療法6条の5第1項）

　何人も，医業若しくは歯科医業又は病院若しくは診療所に関して，文書その他いかなる方法によるを問わず，広告その他の医療を受ける者を誘引するための手段としての表示（以下この節において単に「広告」と

> いう。）をする場合には，虚偽の広告をしてはならない。

　虚偽広告の禁止である。

　これに違反した場合には，6か月以下の懲役又は30万円以下の罰金に処せられる（医療法87条1号）。虚偽の広告は，患者に著しく事実に相違する情報を与え，適切な受診機会を喪失したり，不適切な医療を受けさせるおそれがあることから，罰則付きで禁じている（医療広告ガイドライン5〜6頁）。

(3) 優良表示・誇大表示等の禁止 （医療法6条の5第2項）

> **（医療法6条の5第2項）**
> 　前項に規定する場合には，医療を受ける者による医療に関する適切な選択を阻害することがないよう，広告の内容及び方法が，次に掲げる基準に適合するものでなければならない。
> 　1　他の病院又は診療所と比較して優良である旨の広告をしないこと。
> 　2　誇大な広告をしないこと。
> 　3　公の秩序又は善良の風俗に反する内容の広告をしないこと。
> 　4　その他医療に関する適切な選択に関し必要な基準として厚生労働省令で定める基準

ア　比較優良広告の禁止 （1号）

　1号は比較優良広告の禁止である。

　比較優良広告とは，「特定又は不特定の他の医療機関（複数の場合を含む。）と自らを比較の対象とし，施設の規模，人員配置，提供する医療の内容等について，自らの病院等が他の医療機関よりも優良である旨を広告することを意味する」（医療広告ガイドライン7頁）。

　比較優良広告は，事実であったとしても，優秀性について，著しく誤認を与えるおそれがあるために禁止される（医療広告ガイドライン7頁）。

　著名人との関連性を強調する表現についても，患者等を不当に誘引するおそれがあることから，比較優良広告として取り扱われる（医療広告ガイド

第1章　総　論

ライン7頁）。

イ　誇大広告の禁止（2号）

　2号は誇大広告の禁止である。

　誇大広告とは，「必ずしも虚偽ではないが，施設の規模，人員配置，提供する医療の内容等について，事実を不当に誇張して表現していたり，人を誤認させる広告を意味する」（医療広告ガイドライン7頁）。

　この「人を誤認させる」の意味については「一般人が広告内容から認識する「印象」や「期待感」と実際の内容に相違があることを常識的判断として言えれば足り，誤認することを証明したり，実際に誤認したという結果までは必要としない」（医療広告ガイドライン7頁）。

ウ　公序良俗違反広告の禁止（3号）

　3号は公序良俗違反広告の禁止である。

　公序良俗違反広告とは，「わいせつ若しくは残虐な図画や映像又は差別を助長する表現等を使用した広告など，公序良俗に反する内容の広告を意味する」（医療広告ガイドライン9頁）。

エ　厚生労働省令で定める基準に反する広告の禁止（4号）

　4号は省令への委任条項であるが，平成30年5月8日，医療法施行規則が次のとおり改正され，「厚生労働省令で定める基準」の内容が明確となった。

（医療法施行規則1条の9）

　法第6条の5第2項第4号……の規定による広告の内容及び方法の基準は，次のとおりとする。

　1　患者その他の者（次号及び次条において「患者等」という。）の主観又は伝聞に基づく，治療等の内容又は効果に関する体験談の広告をしてはならないこと。

　2　治療等の内容又は効果について，患者等を誤認させるおそれがある治療等の前又は後の写真等の広告をしてはならないこと。

54

医療法施行規則1条の9第1号は，体験談の広告の禁止である。体験談は，「個々の患者の状態等により当然にその感想は異なるものであり，誤認を与えるおそれがある」から禁止される（医療広告ガイドライン9頁）。

医療法施行規則1条の9第2号は，いわゆるビフォーアフター写真の広告の禁止である。「個々の患者の状態等により当然に治療等の結果は異な」り，「誤認させるおそれがある」から禁止される（医療広告ガイドライン9頁）。ただし，患者にとってわかりやすい形式で「術前又は術後の写真に通常必要とされる治療内容，費用等に関する事項や，治療等の主なリスク，副作用等に関する事項等の詳細な説明を付した場合」であれば，ビフォーアフター写真の広告も許される余地がある（医療広告ガイドライン9頁）。

⑷　広告が禁止される事項（医療法6条の5第3項）

（医療法6条の5第3項）

第1項に規定する場合において，次に掲げる事項以外の広告がされても医療を受ける者による医療に関する適切な選択が阻害されるおそれが少ない場合として厚生労働省令で定める場合を除いては，次に掲げる事項以外の広告をしてはならない。

　1〜14　（略）

ア　本項は，広告可能な事項をあらかじめ列挙し，原則としてこれ以外の事項を広告することを許さない，いわゆるポジティブリスト方式による広告内容規制である。

医療法6条の5第3項各号に掲げられた事項は，例えば「医師又は歯科医師である旨」（1号）や「診療科名」（2号）等，いずれも，「患者の治療選択等に資する情報であることを前提とし，医療の内容等については，客観的な評価が可能であり，かつ事後の検証が可能な事項に限られ」ている（医療広告ガイドライン2頁）。

第1章　総　論

イ　本項の例外として，「患者が自ら求めて入手する情報については，適切な情報提供が円滑に行われる必要があるとの考え方から，規則第1条の9の2に規定する要件を満たした場合，そうした広告可能事項の限定を解除し，他の事項を広告することができる……。なお，こうした広告可能事項以外の事項についても，法第6条の5第2項及び規則第1条の9に定める広告の内容及び方法の基準に適合するとともに，その内容が虚偽にわたってはならない」（医療広告ガイドライン11頁）。

医療法6条の5第3項の「厚生労働省令で定める場合」とは，医療法施行規則1条の9の2の場合である。

（医療法施行規則1条の9の2）
　法第6条の5第3項及び第6条の7第3項の厚生労働省令で定める場合は，次に掲げる要件の全てを満たす場合とする。ただし，第3号及び第4号に掲げる要件については，自由診療……について情報を提供する場合に限る。
　1　医療に関する適切な選択に資する情報であって患者等が自ら求めて入手する情報を表示するウェブサイトその他これに準じる広告であること。
　2　表示される情報の内容について，患者等が容易に照会ができるよう，問い合わせ先を記載することその他の方法により明示すること。
　3　自由診療に係る通常必要とされる治療等の内容，費用等に関する事項について情報を提供すること。
　4　自由診療に係る治療等に係る主なリスク，副作用等に関する事項について情報を提供すること。

1号は，ウェブサイトのように，患者等が自ら求めた情報を表示するものであって，これまで認知性（一般人が認知できる状態にあること）がないために医療広告の規制の対象とされていなかったウェブサイトの他，メルマ

ガ，患者の求めに応じて送付するパンフレット等が該当する（医療広告ガイドライン11頁）。

2号は，表示される情報の内容について，問い合わせ先が記載されていること等により，容易に照会が可能であり，それにより患者と医療機関等との情報の非対称性が軽減されるよう担保されている場合を指し，「問い合わせ先」は，電話番号，Eメールアドレス等を指す（医療広告ガイドライン11頁）。

3号及び4号は，自由診療領域の広告の場合に加重される要件となる。

3号は，「自由診療は保険診療として実施されるものとは異なり，その内容や費用が医療機関ごとに大きく異なり得るため，その内容を明確化し，料金等に関するトラブルを防止する観点から，当該医療機関で実施している治療等を紹介する場合には，治療等の名称や最低限の治療内容・費用だけを紹介することにより国民や患者を誤認させ不当に誘引すべきではなく，通常必要とされる治療内容，標準的な費用，治療期間及び回数を掲載し，国民や患者に対して適切かつ十分な情報を分かりやすく提供すること」を求めるものである。

もし「標準的な費用が明確でない場合には，通常必要とされる治療の最低金額から最高金額（発生頻度の高い追加費用を含む。）までの範囲を示すなどして可能な限り分かりやすく示すこと」や，「当該情報の掲載場所については，患者等にとって分かりやすいよう十分に配慮し，例えば，リンクを張った先のページへ掲載したり，利点や長所に関する情報と比べて極端に小さな文字で掲載したりといった形式を採用しないこと」も求められる（医療広告ガイドライン11〜12頁）。

4号は，「自由診療に関しては，その利点や長所のみが強調され，その主なリスク等についての情報が乏しい場合には，当該医療機関を受診する者が適切な選択を行えないおそれがあるため，利点等のみを強調することにより，国民・患者を誤認させ不当に誘引すべきではなく，国民や患者による医療の適切な選択を支援する観点から，その主なリスクや副作用などの情報に関しても分かりやすく掲載し，国民や患者に対して適切かつ十分

57

第1章　総　論

な情報を提供すること」を求めるものである。

　この情報も，「掲載場所については，患者等にとって分かりやすいよう十分に配慮し，例えば，リンクを張った先のページへ掲載したり，利点や長所に関する情報と比べて極端に小さな文字で掲載したりといった形式を採用しないこと」が求められる（医療広告ガイドライン12頁）。

⑸　改正医療法の施行等

　改正医療法及び改正医療法施行規則は，平成30年6月1日から施行されることとなった（医療法等の一部を改正する法律の施行期日を定める政令（平成30年5月30日政令第174号））。

❷　医療法以外の法規制

⑴　不当景品類及び不当表示防止法（昭和37年5月15日法律134号）

　景品表示法5条柱書には「事業者は，自己の供給する商品又は役務の取引について，次の各号のいずれかに該当する表示をしてはならない。」とある。

　景品表示法5条1号は優良誤認表示の禁止である。「商品又は役務の品質，規格その他の内容について，一般消費者に対し，実際のものよりも著しく優良であると示し，又は事実に相違して当該事業者と同種若しくは類似の商品若しくは役務を供給している他の事業者に係るものよりも著しく優良であると示す表示であつて，不当に顧客を誘引し，一般消費者による自主的かつ合理的な選択を阻害するおそれがあると認められるもの」と規定されている。

　景品表示法5条2号は有利誤認表示の禁止である。「商品又は役務の価格その他の取引条件について，実際のもの又は当該事業者と同種若しくは類似の商品若しくは役務を供給している他の事業者に係るものよりも取引の相手方に著しく有利であると一般消費者に誤認される表示であつて，不当に顧客を誘引し，一般消費者による自主的かつ合理的な選択を阻害するおそれがあると認められるもの」と規定されている。

　これらの違反が認められる場合，措置命令（景表6条），立入検査（同9条）などの行政処分が予定されており，間接罰（同15条，16条，17条）の規定もある。

第4　美容医療の広告の問題

実際に，消費者庁によって措置命令が実施された例[25]もある。

(2)　不正競争防止法（平成5年5月19日法律47号）

不競法2条14号では，「不正競争」に該当する行為の一例として「商品若しくは役務若しくはその広告若しくは取引に用いる書類若しくは通信にその商品の原産地，品質，内容，製造方法，用途若しくは数量若しくはその役務の質，内容，用途若しくは数量について誤認させるような表示をし，又はその表示をした商品を譲渡し，引き渡し，譲渡若しくは引渡しのために展示し，輸出し，輸入し，若しくは電気通信回線を通じて提供し，若しくはその表示をして役務を提供する行為」と定義がなされており，不正の目的をもって上記不正競争行為を実行した場合，同法21条2項1号によって，刑事罰が科されることとなる。

(3)　医薬品，医療機器等の品質，有効性及び安全性の確保等に関する法律（昭和35年8月10日法律145号）

医薬品医療機器等法66条1項は，「何人も，医薬品，医薬部外品，化粧品，医療機器又は再生医療等製品の名称，製造方法，効能，効果又は性能に関して，明示的であると暗示的であるとを問わず，虚偽又は誇大な記事を広告し，記述し，又は流布してはならない。」と定めている。「虚偽」及び「誇大」については，医療法6条の5第1項，及び同法6条の5第2項2号で述べた点と重なるものと考えられる。

また，医薬品医療機器等法68条は，「何人も，第14条第1項，第23条の2の5第1項若しくは第23条の2の23第1項に規定する医薬品若しくは医療機器又は再生医療等製品であって，まだ第14条第1項，第19条の2第1項，第23条の2の5第1項，第23条の2の17第1項，第23条の25第1項若しくは第23条の37第1項の承認又は第23条の2の23第1項の認証を受けていないものについて，その名称，製造方法，効能，効果又は性能に関する広告をしてはならない。」と定めている。これは承認前の医薬品・医療機器に関する広告

---

25)「医療法人社団バイオファミリーに対する景品表示法に基づく措置命令について」（http://www.caa.go.jp/policies/policy/representation/fair_labeling/pdf/140704premiums_1.pdf）

第1章 総 論

規制である。

⑷ **健康増進法**（平成14年8月2日法律103号）

　健康増進法31条1項では，「何人も，食品として販売に供する物に関して広告その他の表示をするときは，健康の保持増進の効果その他内閣府令で定める事項（次条3項において「健康保持増進効果等」という。）について，著しく事実に相違する表示をし，又は著しく人を誤認させるような表示をしてはならない」と定めている。

❸ 医療法上の広告規制違反による効果

⑴ **行政処分**

　各都道府県，保健所設置市又は特別区（以下「行政機関等」という。）は，広告規制違反が疑われる事案が認められる場合，行政指導を背景とした任意の調査を実施することができる（医療広告ガイドライン33頁）。

　また，行政機関等は，医療法6条の8第1項に基づき，報告命令又は立ち入り検査を実施することができる（医療広告ガイドライン34頁）。

　さらに，行政機関等は，医療法6条の8第2項に基づき，広告の中止命令又は是正命令を実施することができる。

　加えて，行政機関等は，医療法28条及び29条に基づき，業務停止命令を実施することができる。

　もっとも，このような仕組みがあっても，各処分が適時適切に実施されなければ，意味がない。行政機関等によって，医療法違反の疑いがある広告を認識した場合，行政指導のみに頼ることなく，各処分が適時適切に実施される必要があり，市民の側から積極的に行政機関等に働きかけることも重要である。

⑵ **刑事手続**

　虚偽広告規制に違反した場合，医療法87条1号により，6か月以下の懲役又は30万円以下の罰金となる。

　また，医療法6条の8第2項の中止命令又は是正命令を出してもこれに従

60

わなかった場合も，同法87条３号により，６か月以下の懲役又は30万円以下の罰金となる。

さらに，医療法６条の８第１項の報告命令を出してもこれに従わなかったあるいは虚偽の報告をした場合も，同法89条２号により，20万円以下の罰金となる。

(3)　適格消費者団体による差止請求

適格消費者団体（消費契約２条４項）は，景品表示法30条各号所定の広告（優良誤認表示及び有利誤認表示）が現に行われ又は行われるおそれがある場合，事業者に対して差止請求権を行使することができる（景表30条１項柱書）。

(4)　個別の契約との関係

広告規制違反があったとして，そのことがただちに個別の契約（意思表示）の効果を左右するということにはならない。

しかし，患者の側からすれば，広告は，提供される医療の内容に関する重要な情報であり，広告内容が，患者が受けられることを期待する医療の内容と大いに関連するといえる。

したがって，前記「第２の５　説明義務違反」で論じたとおり，広告宣伝を読み，広告記載の効果等を信じて施術を受けようとする患者に対しては，医療機関としては，誤解や過度の期待を解消するような説明をなす義務があるというべきである。

第1章 総論

第5 解決方法

1 概説

　美容医療による被害としては，重篤な合併症が生じた，説明を受けていない合併症が生じた，説明を受けたとおりの効果が得られなかった，明らかに施術内容や効果に見合わない高額な費用を請求された等というものが考えられる。以下，このような被害に遭った患者の救済を図るために採り得る方法を挙げる。

2 相談及び受任に当たり行うべき事柄

(1) 聴取すべき事項

　弁護士が相談を受ける際に聴取すべき事項としては，以下のものが挙げられる。

　① 患者が受けた施術内容

　② 被害内容や不満に思っている点（合併症，施術の効果，医療機関からの説明の内容，施術代等の契約内容等）

　③ 当該施術を受けた経緯（患者の願望，閲覧した広告媒体，当該医療機関で施術を受けることに決めた理由等）

　④ 当該施術についての説明内容

　⑤ 施術費用の決定過程

　⑥ 契約内容，支払方法（特にクレジットカード利用の有無）

　⑦ 既払金額及び支払残額

　⑧ 後医への通院の有無

　⑨ 後医に通院している場合は，後医の診断内容

　⑩ 以上の事項を裏付ける資料の有無及び資料がある場合はその内容（説

62

明文書，契約書，広告媒体，後医の診断書等）

(2) 消費者契約的側面での初動対応

ア　はじめに

弁護士としては，相談を受けたら，消費者契約的側面にて以下の法的措置を採る必要があるか否か検討し，必要があれば，患者に対し直ちにこれらの法的措置を採るよう助言するか，自ら受任してこれらの法的措置を採らなければならない。

イ　ローンの支払停止等の抗弁

美容医療においては，施術代につき，クレジット契約を締結して分割払いにすることも珍しくない。しかし，例えば施術に効果が見られない場合等，施術に問題がありながら，クレジット契約に基づき分割代金が引き落とされ続けるのは不合理である。

そのような場合，割賦販売法30条の４，同法35条の３の19に基づき，支払停止等の抗弁を提出し，分割払いを停止させることが考えられる。

支払停止等の抗弁事由は，昭和59年11月26日付通商産業省第834号通達が示すとおり，できる限り広く解すべきである。具体的には，同通達が挙げるとおり，医療機関に債務不履行等があること，医療機関との契約が無効である場合又は取消し得る場合であること等が抗弁事由として挙げられる。

支払停止等の抗弁は，クレジット会社に対し，書面で提出すべきである。日本クレジット協会のウェブサイト[26]に書式があるので，参考にされたい。

なお，支払停止等の抗弁が認められても，分割払いが「免除」されるわけではなく，「停止」になるだけであることや，最終的に医療機関側が無責ということになれば，未払分につき，遅延損害金を付した上でクレジット会社に支払わなければならなくなることに注意を要する。

ウ　クーリング・オフ

クーリング・オフは，利用者が，役務提供事業者と締結した契約につい

26）https://www.j-credit.or.jp/customer/consult/download/140602_siharai_teisi.pdf

第1章　総　論

て，申込みの撤回又は解除をする制度であり，一定の美容医療，美容医療
の関連商品及びエステティックサロンについても適用される余地がある。

　クーリング・オフを行使すれば患者は代金の支払を免れるが（特定商取
引法48条１項，同条６項），契約書面を受領した日から８日の権利行使期間内
に行使しなければならないことに注意を要する。

　もっとも，特定商取引法所定の要件を満たした書面の交付を受けなけれ
ば，権利行使期間は進行しないので（特定商取引法42条），いつでもクーリ
ング・オフを行使できる。そのため，弁護士としては，患者が医療機関か
ら交付を受けた書面の有無及びその内容につき十分に確認する必要がある。

　クーリング・オフについての詳細は，第３，３(2)の章を参照されたい。

エ　消費者契約法に基づく取消権

　消費者契約法４条規定の取消権は，追認をすることができるときから１
年間行使しないとき，又は，当該消費者契約締結のときから５年を経過し
たときには，消滅時効により行使できなくなる（消費契約７条）。ただし，
平成29年６月３日より前に締結された消費者契約については，改正前の消
費者契約法が適用され，短期の消滅時効期間が，追認をすることができる
ときから６か月間であるので，注意を要する。いずれにせよ，消費者契約
法所定の取消しの要件を満たす可能性がある場合は，早急に同法に基づく
取消権を主張する必要がある。

　消費者契約法に基づく取消権の詳細は，前記第３の１を参照されたい。

(3)　調　査

ア　はじめに

　患者の救済を図るに当たっては，患者が医療機関からいかなる説明を受
け，いかなる施術等を受け，いかなる被害に遭ったのか等々，患者側にて
事実関係を把握し，証明する必要がある。そのためには，診療経過，被害
等の事実関係に関する情報及び証拠を収集した上，事実関係を調査する必
要がある。しかし，美容医療に限らず医療事件全般においては，事実関係
に関する情報及び証拠は医療機関側に偏在しているので，何らかの方法で
これらを取得しなければならない。また，情報及び証拠の収集において，

美容医療分野特有の方法や，同分野にて特に注意しなければいけない事項もある。

　さらには，患者側にて，問題となる施術，被害内容等の医学的知見を把握した上，医療機関の過失，身体的被害，過失と被害との因果関係を証明する必要があるので，医学的知見に関する情報及び証拠も収集をした上，医学的知見を調査する必要がある。

　以下，調査方法，とりわけ情報収集方法につき，事実関係に関する情報及び証拠の収集と，医学的知見に関する調査を大別した上で挙げる。

イ　事実関係に関する情報及び証拠の収集

(ｱ)　説明資料等の保存及び収集

　医療機関から，患者の従前の症状ないし状態，施術内容，施術によるリスク，施術費用等に関する説明資料の交付を受けた場合は，それらを保存しておく必要がある。

(ｲ)　ウェブサイト等の媒体の保存

　医療機関のウェブサイト・パンフレット・広告等に，施術内容，施術によるリスク，施術費用等が挙げられていることがあるので，それらも保存しておく必要がある。特にウェブサイトは，更新されることもあるので，画面のデータ保存，印刷等により，患者が施術前に閲覧した内容を早期に保存しておく必要がある。

(ｳ)　診断書の取得

　合併症による被害を主張するのであれば，診断書は有力な根拠となる。診断書は，通院先である後医又は相手方の医師に作成してもらうことになる。症状によっては時間の経過により消失することもあるので（例えば，傷跡，内出血，疼痛等），早めに受診する必要がある。

　また，被害の立証のためには，少しでも客観性のある診断方法に基づき診断してもらうことが望ましい。

(ｴ)　写真撮影

　施術を受けたものの，期待していた審美的効果が得られなかった場合（傷跡等が残った場合，効果がなかった場合等も含む）は，写真が証拠の一つと

第1章　総論

なる。時間が経つと消失する外貌の異常もあるので（例えば，傷，内出血
等），弁護士としては，患者に異常が現れたら直ちに写真撮影をするよ
う助言する必要がある。被害の立証上，写真撮影の日時が重要な意味を
持つので，なるべく写真に撮影日時が掲載されるようにした方がよい。
また，患者にて，施術部位につき，施術前で施術日時に近い時期に撮影
した写真があるなら，それを用意してもらう。

(オ)　カルテ等開示請求

　患者側としては，医療機関がどのような施術等を行ったのか把握する
ために，診療録（カルテ）等の記録の取得は不可欠である。

　厚生労働省が公表している「診療情報の提供等に関する指針」が「医
療従事者等は，患者等が患者の診療記録の開示を求めた場合には，原則
としてこれに応じなければならない。」と示していることもあり，昨今
は，多くの医療機関は，カルテ等の開示請求を受ければ開示に応じる。
ただし，大抵は開示手数料が掛かり，開示手数料は医療機関によって異
なる。開示手数料が掛かった場合，後に相手方の医療機関に対し，その
分につき損害賠償請求をすることが考えられるので，開示手数料にかか
る領収書類は保管しておく必要がある。

　相手方が電子カルテを導入している場合は，電子カルテは修正履歴が
残り改ざんの可能性が低いので，カルテ等の取得方法として，後述の証
拠保全の方法ではなく，カルテ等開示請求による方法を採るのがよい。
もっとも，電子カルテの一部は，アクセスできるのが医療機関内の特定
の職員等に限られている場合があり，開示されたカルテ等に欠落がある
場合もあるので，注意が必要である。また，訂正の過程も知りたければ，
訂正履歴も取得する必要がある。

(カ)　証拠保全の申立て

　証拠保全の申立てとは，裁判所に証拠保全の申立てをして，裁判所が
その申立てを認めた場合，裁判官，代理人弁護士等が相手方の医療機関
に出向き，即日のカルテ開示を求める方法である。

　証拠保全にてカルテを取得する場合，カルテ等開示請求による場合よ

りはカルテ等の改ざんのおそれは少なくなるが，反面，申立ての準備や，申立てから実施までに時間が掛かることや，裁判所の運用によっては現場でカルテ等を撮影ないし謄写してもらう業者に依頼しなければならない場合もあり，かような場合は費用が掛かることが短所である。

ウ　医学的知見に関する情報及び証拠の収集

㋐　文献調査

　　形成外科や美容形成外科の成書（教科書），雑誌等の医学文献を検索し，当該施術，被害内容等について調査する必要がある。医学文献は，大学病院の図書館，医中誌パーソナルWebなどで収集する。

㋑　協力医による協力

　　通常，弁護士が医学文献等を読むだけでは，当該施術の詳細，被害の実態等の医学的知見を十分に把握できないので，協力してくれる医師を探し，医学的知見につき教授してもらう必要がある。訴訟を提起するのであれば，意見書の作成さらには証人としての出廷も依頼する必要が出て来ることもある。

　　協力医の確保の方法としては，実際に患者を診た後医への依頼，知人からの紹介，ネット等で同種施術を扱っているとうたっている医師や同種施術について医学文献を執筆している医師への依頼等が考えられる。

㋒　相手方医療機関に対する求説明交渉

　　ひととおり事実関係及び医学的知見の調査をした後，事実関係や医学的知見に対する当該医療機関の認識等を確認するため，必要に応じ，相手方医療機関に対し説明を求めること（求説明交渉）も検討することになる。とりわけ美容医療においては，ある一定の施術でも医療機関ごとに施術内容等が異なることが多いため，当該施術の内容を明らかにするため求説明交渉が必要になることが多いと思われる。この求説明交渉は，診療契約に基づく顛末報告義務（民656条，645条）の履行を求めるものである。まずは，相手方医療機関の関係者立会いの上での面談を求めるべきであるが，面談は拒否されることが多い。その場合は，書面での説明を求めるべきである。

第1章 総　論

⑷　依頼者対応に当たり配慮すべき点

　美容医療の件で弁護士に相談する患者は，従前から外見について何らかの悩みを抱いており，それを解消するため思い切って相応の費用も掛けて施術を受けたのに，期待していた施術結果が得られなかったり，合併症が生じたこと等により，心に深い傷を負っている場合もある。相談あるいは事件処理に当たる弁護士としては，このような患者の心情に十分配慮して対応しなければならない。

③　解決のための手続

⑴　示談交渉

　原則として，調査を経て，責任追及し得る余地があるとの結論に至った案件について，示談交渉をすることになる。

　もっとも，相手方が責任を認めている事案，詳細な調査をするまでもなく医学的に虚偽の説明をして施術を受けさせていることが明らかであるなど消費者被害の側面が強い事案等は，調査を経ずに責任追及を行うこともある。

⑵　消費生活センターへの相談，あっせん

　消費者安全法により，都道府県には消費生活センターの設置が義務付けられており，消費者被害について相談窓口を設置している。

　平成21年に消費者庁が設立されてからは，消費生活センターへのアクセス改善のため，「消費者ホットライン」が開設された。電話で「188」にかけると，全国どこからでも，現在開設している最寄りの消費生活センターに電話がつながるようになっている。

　相談窓口では，消費生活相談員やそれに準じた専門知識・専門技術をもった相談員が相談を受け付け，相談者から状況を聞き取り，助言やあっせんを行う。「あっせん」とは，消費者トラブルの解決のために事業者との交渉の手伝いをすることである。

　美容医療にかかわる相談も，助言やあっせんが行われるが，法的な解決がふさわしいと思われる事例では，弁護士相談などの窓口を案内しているよう

である。

　消費生活センターへ寄せられた相談は，PIO-NET[27]により集約され，消費者被害の未然防止のために役たっている。また，集約された情報により，国や都道府県による事業者への行政処分などにつながることもある。

(3)　弁護士会の医療ADR

　ADR（Alternative Dispute Resolution）とは，裁判外紛争解決手続，すなわち公正な第三者の関与の下，話合いにより紛争解決を図る手続のことをいう。

　東京三弁護士会には医療事件を専門的に取り扱う医療ADRが設置されており，美容医療に関する案件についても申し立てることができる。

　ADRは話合いの手続なので，事実関係につき双方の主張に隔たりがある場合は適さないが，事実関係につき，さほど争いがなく，話合いでの解決が期待できる場合，損害額がさほど大きくない場合，証拠等の関係で無責とは言い切れないが訴訟で認容されるかは不透明な場合等は，訴訟にて時間と労力を掛けて争うよりは，ADRでの解決を考えた方がよい場合がある。

　ADRは，申立て，各期日，解決の各時点にて，所定の費用が掛かるので，この点につき依頼者に説明する必要がある。また，訴訟，調停と異なり，申立てによる時効の中断効がないので，この点，注意する必要がある。

　手続，費用等の詳細は，東京三弁護士会のウェブサイト等を参照されたい。

(4)　調　停

　調停は，裁判所にて話合いにより紛争解決を図る手続であり，美容医療の案件についても調停を申し立てることができる。

　調停は話合いの手続であり，強制力がないので，ADR同様，話合いがまとまらなければ，調停不成立となり終了する。

(5)　訴　訟

　以上の手続で解決できなければ，終局的な解決手段として訴訟提起を検討することになる。

27）PIO-NET（全国消費生活情報ネットワークシステム）とは，国民生活センターと全国の消費生活センターをネットワークで結び，消費者から消費生活センターに寄せられる消費生活に関する苦情相談情報（消費生活相談情報）の収集を行っているシステム。

第1章　総　論

4　美容医療機関の賠償責任共済及び保険

(1)　概　説

　通常，医療機関及び医師は，日本医師会の医師賠償責任保険制度及び大手損害保険会社の医師賠償責任保険に加入しており，医療事故につき医療機関ないし医師が損害賠償責任を負う場合，その原資は賠償責任保険による保険金であることが多い。例えば，日本医師会の医師賠償責任保険では，1事故の保険金支払限度額は1億円である。これらの賠償責任保険により，医療事故による被害者の現実的救済が図られている側面もある。

　しかし，これらの保険の約款では，「美容を唯一の目的とする医療行為に起因する賠償責任」は保険の対象外とされており，美容医療における事故において，これらの保険金は支払われない。

　もっとも，美容医療における事故が対象となる共済及び保険として，平成30年9月時点では，一般社団法人日本美容医療責任共済会による共済制度，ユニバーサル少額短期保険株式会社による美容医療賠償責任保険がある。

　以下，同月時点でのこれらの制度の概要につき説明する。

(2)　一般社団法人日本美容医療責任共済会の共済制度の概要

　一般社団法人日本美容医療責任共済会（以下「共済会」という。）は，日本美容医療協会（JAAM）の正会員，準会員，共済会の特別会員であって日本国内で美容医療業務に従事する医師及び医院等が加入できる。被共済者は，医師（施設長），常勤医師，非常勤医師等である。

　共済会の賠償責任制度には，全科コースと非外科コースとがあり，全科コースであれば，1事故の支払限度額は200万円，年間の支払限度額は500万円，免責額10万円であり，非外科コース（美容皮膚科等）であれば，1事故の支払限度額は100万円，年間の支払限度額は500万円，免責額10万円である。

　また，上乗せ補償として美容医療麻酔賠償責任共済があり，これによると，美容医療に関する麻酔施術過程に起因して死亡又は高度障害が発生した場合は，裁判所の判決，和解，あるいは共済会による有責との判断等に基づき，1事故当たり及び年間累積1億円を限度とし，免責額1事故当たり100万円

として共済金が支払われ得る。

詳細は共済会のウェブサイト[28]を参照されたい。

⑶　ユニバーサル少額短期保険株式会社による保険制度の概要

ユニバーサル少額短期保険株式会社による美容医療賠償責任保険の賠償責任保険金は，１事故の支払限度額100万円，年間支払限度額300万円のプラン，１事故の支払限度額300万円，年間支払限度額1,000万円のプラン，１事故の支払限度額800万円，年間支払限度額1,000万円のプラン（いずれのプランも免責額10万円）がある。

詳細は，ユニバーサル少額短期保険株式会社のウェブサイト[29]を参照されたい。

❺　医療機関が閉院になった場合の対応

閉院した当該医療機関に対して法的措置を採るときは，相手方（契約主体たる開設者）が法人であるなら，登記事項証明書を取得すれば，法人の所在地，代表者名等を特定できる。他方，相手方（契約主体たる開設者）が個人であるなら，開設者名，開設者の住所等を特定するために，場合によっては以下のとおりやや特殊な方法を用いる必要がある。

まず，都道府県のサイト内に医療機関検索システムがあるので，[30]当該医療機関が廃業届を提出していなければ，そこから開設者名，管理者名，当該医療機関の電話番号等を特定することができる。

また，当該医療機関が存在した市区町村を管轄する保健所（以下，単に「保健所」という。）に電話等により照会すれば，現在の開設の有無，開設者の氏名等については回答が得られる。

さらに，行政機関情報公開法４条１項に基づき，保健所に対し開示請求書

---

28) http://biyoukyosai.jp/
29) http://www.biibai.jp/
30) 例えば，東京都福祉保健局のサイトには，「医療機関・薬局案内サービス―ひまわり」というシステムがある（https://www.himawari.metro.tokyo.jp/qq13/qqport/tomintop/index.php）。

第1章　総　論

を提出すれば，開設者名，管理者名，診療所等が開設されていた際の電話番号，診療所等の賃貸借契約の名義人，従業者定員数，開設年月日，廃止届出日等の情報が得られる。もっとも，開設者及び管理者の住所，賃貸借契約の借主の住所等は，個人情報として同法5条所定の「不開示情報」に該当するものとして，開示されない。そこで，これらを特定するには，保健所，電話会社に対し弁護士会照会等を行う必要がある。

第 2 章

施術別概要と裁判例

第1　顔の輪郭に関する施術

第1　顔の輪郭に関する施術

❶ はじめに

　東京都消費生活総合センターが都内の消費生活センターに寄せられた「美容医療」に関する相談の特徴と傾向を分析した資料（「平成27年度『美容医療』の消費生活相談の概要」[31] 東京都消費生活総合センター）によれば、あご・頬骨の手術に関する相談は、平成23年度11件、平成24年度11件、平成25年度27件、平成26年度29件と増加傾向にある。

　また、同手術の平均契約購入金額は、平成23年度60万3,534円、平成24年度42万1,409円、平成25年度90万2,976円、平成26年度152万1,921円と金額が急激に増加している。

❷ 施術方法等について

(1)　顔面骨格の構造

【図1】前頭骨，鼻骨，頬骨　　　【図2】上顎骨，下顎骨

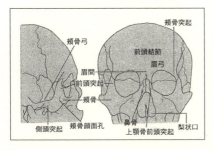
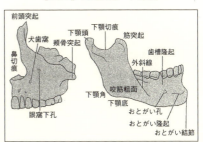

出典：市田正成ほか『美容外科手術プラクティス2』320頁（文光堂，2000年）

31）東京都消費生活総合センターウェブサイト（https://www.shouhiseikatu.metro.tokyo.jp/sodan/tokei/documents/theme_2801.pdf）

第2章　施術別概要と裁判例

(2)　施術方法と合併症

① 　下顎角形成術

　えらの張った四角い正貌を，下顎角を削ることで卵型に変える手術である。

　全身麻酔下で，口腔内のオトガイ孔後方から粘膜切開を行い，下顎骨に沿って剥離を進め，下顎角付近の咬筋と内側の内翼突筋を下顎骨から剥離する。骨が露出した後，削除，孔を開け，孔に沿って分割し，骨片を除去する。

　合併症：血腫，不良骨折，開口障害，オトガイ神経損傷，骨削時の温度上昇による口唇等の熱傷等

② 　頬骨突出形成術

　頬骨の突出を削り，顔を小さくするために行われる手術である。

　ア　口腔内法

　　口腔内から切開して剥離を進め，頬骨の突出部を削骨する術式。

　イ　耳前部切開＋外眼角小切開

　　耳前部付近から切開を始め，弓部骨膜下を剥離し，内側へ向かって剥離を進める。また，外眼角小切開からも弓部へ向かって骨膜下剥離を進め耳前部への剥離と連続させる。口腔内切開からの展開と連続させて体部から弓部にかけての削骨を施行する場合もある。弓部を削骨し，突出を平たん化する。

　ウ　頬骨弓部骨切りと内方移動術

　　耳前部及び口腔内を切開して，頬骨弓部の骨切りを行い，内側に移動して固定することで，頬骨弓の突出を解消する。

　　合併症：眼窩顔面神経の損傷，血腫の形成，感染（口腔内法），顔面神経側頭枝の損傷（冠状切開法），一過性の複視

③ 　オトガイ形成術（オトガイ部骨切り術）

　顔の長さを調整したり，顔の側貌バランスを調整したりするために行われる手術である。下顎中央から切開してオトガイ下部まで剥離し，骨切りを行い，移動する。

第1　顔の輪郭に関する施術

合併症：オトガイ神経損傷や感染等

④　前額の輪郭形成術

なだらかなラインを形成するための手術である。有髪部から切開し，骨膜下に剥離し，眉毛上部に当たる部分を削骨し，粘膜を露出し，アパタイト（リン酸カルシウムの一種）を埋入する。

合併症：血腫形成や感染，埋入したアパタイトの位置異常による形状不良

⑤　オトガイ形成術（インプラント）

輪郭改善のための手術である。口腔前庭で唇側を水平に切開し，下顎下縁まで剥離してポケットを作成し，プロテーゼを挿入，創を縫合閉鎖する。

合併症：オトガイ部の知覚鈍麻，血腫，感染

⑥　こめかみ形成術

輪郭を改善するための手術である。

頭皮を切開し，陥凹部まで剥離し，シリコンプレートを埋入し，創を縫合する。

合併症：線状瘢痕，脱毛，開口障害

③　裁判例

下顎角形成術，頬骨突出形成術についての裁判例【2】

東京地判平13・7・26（判タ1139号219頁）

ア　事案の概要

頬骨及び下顎骨を削る美容整形手術を受けた原告が，①頬骨を削る手術について頬の状態を事前に説明する義務に違反した，②下顎骨手術について，原告の美的要求を無視して被告の独断に基づいて勧めるとともに，③客観的にも過大に切除し，④眼窩骨を無断で切除した，⑤その際にオトガイ神経を損傷したなどと主張して，債務不履行に基づく損害賠償を請求した事案。

77

第 2 章　施術別概要と裁判例

イ　結　論

認容額220万円（下顎角形成術について。慰謝料200万円，弁護士費用20万円。なお，頬骨突出形成術については請求は認められなかった。）

ウ　主な争点

① 　頬骨突出形成術に関する説明義務違反

② 　下顎骨切除手術に関する説明義務違反

③ 　下顎角の過大切除か否か

④ 　眼窩骨を無断で切除したか否か

⑤ 　オトガイ神経を損傷したか否か

エ　判　旨

(i)　頬骨突出形成術に関する説明義務違反

原告は，頬が高いように思った原因について，被告が，その真の原因が，骨の形にあるのか，原告の思っているとおりの脂肪の厚みによるものであるのかを的確に診断した上，その旨説明する必要があった旨主張した。これについて，①原告の頬に対する不満の原因が脂肪のためであったことを明確に基礎づける証拠は存在しないこと，②被告は，原告が気にしていた頬の横から耳にかけての部分は脂肪が付かないところであり，脂肪のための膨らみではない旨供述していること，③原告は，他の美容整形医院において脂肪を吸引する方法の説明を受けていながら頬骨を削る手術を行うために被告医院を訪れていること，④被告においても，原告の頬を触診した上で頬骨を削る手術をすることを決めていることから，原告が主張するような説明義務は否定した。

(ii)　下顎骨切除手術に関する説明義務違反

次のような点で説明義務違反を認めた。①左下顎骨の切除により具体的に左下顎骨のラインがどのように変化するか，②原告の要望どおり頬骨及び右下顎骨の切除手術をした上で原告が必要だと感じた場合に再度左下顎骨の切除手術について検討する方法と一度に左下顎骨まで切除する手術を行う場合との利害得失，③本件手術結果により原告が主観的に完全な満足な結果を得られない可能性等について説明していないとし，

第1　顔の輪郭に関する施術

　また,「具体的な説明は原告から左下顎骨に関する手術の同意をとる際
になされてしかるべきであって,本件手術の直前に行うこと自体,原告
が当該手術に同意するか否かを決定するためには不十分といわざるを得
ない」として,説明義務違反を認めた。

(iii)　下顎角の過大切除か否か

　「下顎角を過度に切除して,下顎角を消失させたり,スムーズな下顎
の輪郭を失わせたり,不自然な下顎のラインを生じることのないように
注意すべきであるとされている」とした上で,原告もほんの少しだけ削
るよう要請していたことを考慮して,「少なくとも原告の主観的願望を
損なう結果となっている事実は認めることができる」として,原告の主
張は一部理由があるとされた。

(iv)　眼窩骨を無断で切除したか否か

　カルテの記載,手術前後のレントゲン写真から,眼窩骨が削られてい
ると認めることができないとされた。

(v)　オトガイ神経を損傷したか否か

　①オトガイ神経の損傷は,下顎骨形成術の合併症とされていること,
②原告が術後に左下顎の知覚異常を訴えていたこと,③後医における治
療及び診断内容から,被告が原告の左下顎のオトガイ神経を切断し,若
しくはこれを縫合するに際して過誤があったとされた。

下顎角形成術についての裁判例【3】

東京地判平16・7・28（ウエストロー・ジャパン）

ア　事案の概要

　下顎骨隅角部の切除手術について,自己が伝えた希望に反して過剰かつ
不均衡に下顎骨を切除された結果,顔面に左右差や下顎部の変形が生じた
と主張した事案。

イ　結論

　全部棄却

79

第 2 章　施術別概要と裁判例

ウ　主な争点
①　原告との合意に従って施術をしなかった過失の有無
②　原告の希望を把握する適切な措置をとらなかった過失の有無
③　適切な手術をせず原告の下顎部に変形を生じさせた過失の有無

エ　判　旨
(i)　原告との合意に従って施術をしなかった過失の有無

　「原告は，本件手術の前に，えらの部分をほんの少し1，2ミリだけ薄くしたいとの希望を述べ，A医師との間でその希望に沿った手術を行うことの合意をしたと主張した」が，カルテにそのような記載がないことを根拠に，そのような合意自体認定されなかった。

(ii)　原告の希望を把握する適切な措置をとらなかった過失の有無

　下顎骨隅角部の切除手術に際しては，「ペーパーサージャリーやレントゲン写真上で切除部位を図示するなどして，手術前に患者と下顎骨の切除部位や切除量を話し合って決定しておき，それに従って手術を行うという方法」も用いられていると認定したものの，①計画どおりに下顎骨の切除を行うことは困難であること，②手術後に生じる外貌の変化を正確に予測することは難しいことから，上記のような方法が術前準備として必須のものということはできないとされた。そして，原告の希望の確認と，下顎骨の切除予定部位，手術後に予想される結果に関する一定の説明を行ったとした。

　手術後にもある程度の左右差が存在することは当然に予想されていたこと等から，「原告の顔面にもともと左右差があることや手術後も左右差が生じることについて，……本件手術前に，そのことを原告に説明したうえで，手術内容や手術後に生じる結果について原告と話し合いを行う義務」は否定された。

　下顎骨隅角部の突出部分の切除により，「手術後の下顎部の隅角の形態や位置が手術前とは異なるものになることは，当然に予定されている」ことから，「下顎骨の切除予定部位の図を示して説明を行うことのほかに，下顎部の隅角が手術前よりも下方に形成される可能性のあるこ

第1　顔の輪郭に関する施術

とについて説明し，原告と話し合いを行うべき義務」は否定された。

(iii)　**適切な手術をせず原告の下顎部に変形を生じさせた過失の有無**

「左右不均衡に下顎骨隅角部を切除し，また，直線的に切除してエッジシェービングを十分に行わなかったために，原告の下顎部に左右差や隅角が左右2か所ずつ形成されるなどの変形が生じた」との原告の主張については，原告の主張するような結果は認定されず，手技についても過失は認められなかった。

下顎角形成術についての裁判例【4】
東京地判平20・9・25（裁判所ウェブサイト）

ア　事案の概要

下顎骨角部張り出し部分切除術（エラ削り）を受けた原告が，施術ミスにより左顔面頬部陥没変形・左顔面神経麻痺等の後遺症が残ったとして，診療契約の債務不履行に基づき損害賠償請求をした事案。

イ　結　論

認容額525万3,825円（被告医院手術代金56万円，被告医院通院費1万6,560円，後医治療費79万1,285円，後医通院費5,980円，入通院慰謝料140万円，後遺症慰謝料200万円（後遺障害等級12級相当），弁護士費用48万円。なお，逸失利益は認めず。）

ウ　主な争点

①　説明義務違反（骨折を生じる危険性について）

②　手術手技の誤りにより左下顎骨折の傷害を負わせた過失の有無

エ　判　旨

(i)　**説明義務違反（骨折を生じる危険性について）**

①骨折は想定される合併症ではあっても発生頻度は低いと考えられること，②下顎骨形成術に関する文献も骨折の可能性についてまで具体的に説明すべきとはしていないこと等から，顎骨骨折や削り過ぎの危険性についての説明義務違反は否定した。

(ii)　**手術手技の誤りにより左下顎骨折の傷害を負わせた過失の有無**

「骨を削り過ぎたり，損傷しないように細心の注意を払い，患者であ

81

第2章　施術別概要と裁判例

る原告の身体の安全を確保するために最善を尽くす注意義務」があることを認め，「被告のノミ等を使用した骨切り作業中に許容限度を超える外力が原告の下顎骨に加わったために，本件骨折が生じた」として過失を認めた。

下顎角形成術・こめかみ形成術についての裁判例【5】
名古屋地判平19・11・28（裁判所ウェブサイト）

ア　事案の概要

鼻，眼，こめかみ及び顎に関する美容整形手術を複数回受けた原告が，被告がこれらの手術の際に後遺症等に関する説明義務を尽くさなかった上，手技上の過誤により，期待された手術の効果が発生せず，左右不均衡等意図せぬ結果が発生したなどと主張して，債務不履行に基づく損害賠償を請求した事案。

イ　結　論

認容額90万円（こめかみ形成術・隆鼻術について。慰謝料80万円，弁護士費用10万円）

ウ　主な争点

① 　手技上の過失

② 　下顎角形成術についての説明義務違反

③ 　こめかみ形成術についての説明義務違反

エ　判　旨

（i）　手技上の過失

手術を複数回受けていることが認められるので，原告が初回の手術結果に主観的不満を抱いていたであろうことは推認し得るが，そのような主観的不満のみから，これらの手術結果に診療契約上の債務不履行が客観的にあると即断することもできないとして，否定された。

（ii）　下顎角形成術についての説明義務違反

「被告は，原告に対する下顎角形成術を行うに先立ち，原告の頭部のレントゲン撮影検査を行い，その所見上，下顎骨や頬骨にかなりの左右

第1 顔の輪郭に関する施術

差が確認されたため，原告に対し，下顎角形成術によって左右を完全に対称することはできない旨説明した」として，説明義務違反を否定した。

(iii) こめかみ形成術についての説明義務違反

①こめかみ形成術の術式には，シリコンプレート埋入，筋膜移植，脂肪注入等の方法があること，②これらの方法には各々利点・欠点があり，共通する合併症・後遺症等として，瘢痕の残存，脱毛，知覚異常，顔面神経麻痺の発生のほか，シリコンプレート埋入の方法については，シリコンプレートが適切な位置から移動して不自然な外観を呈する可能性のあることについての説明義務を認めた。その上で，「シリコンプレートの移動等の問題について説明しなかった」として説明義務違反を認めた。

頬骨突出形成術【6】
大阪地判平17・12・19（公刊物未登載）

ア 事案の概要

頬骨突出形成術を受けた原告が，眼窩下神経を損傷した過失，手術跡を残した過失等を主張して，損害賠償請求を行った事案。

イ 結 論

請求棄却

ウ 主な争点

① 手技上の過失（眼窩下神経を損傷した過失，手術跡を残した過失）

② 説明義務違反

エ 判 旨

(i) 手技上の過失（眼窩下神経を損傷した過失，手術跡を残した過失）

眼窩下神経を損傷した過失については，上口腔前庭の切開の際には粘膜部分を走行している末梢神経を損傷することが避けられないこと等から，眼窩下神経の末梢部位を損傷したことについて手術手技を誤った過失は認められなかった。

手術跡を残した過失については，こめかみ部分から切開を行う際，何らかの手術跡が残ることは避けられない等として，手技を誤って必要以

83

第2章　施術別概要と裁判例

上の手術跡を残した過失は認められなかった。

(ii)　説明義務違反

　患者が手術に同意するか否かを決定するために必要な説明は行ったなどとして，説明義務違反は認められなかった。

おとがい形成術（インプラント）についての裁判例【1】

広島地判平14・9・24（裁判所ウェブサイト）

ア　事案の概要

　二重瞼，鼻及び下顎の美容整形手術を受けた原告が，手術後の二重瞼の幅が左右非対称で，縫合部が化膿してはんこんが生じた，鼻に挿入したプロテーゼが動き，鼻線が曲がった，下顎に違和感や痺れが残り，しわが生じたとして，損害賠償を請求した事案。

イ　結論

　認容額297万円（下顎の手術ほか，同時に受けた隆鼻術について。被告に支払った手術代金90万円，後医における治療費87万円，慰謝料80万円，弁護士費用40万円）

ウ　主な争点

　説明義務違反

エ　判旨

　通常下顎にプロテーゼを挿入する場合には，下唇の内側に近い位置の粘膜部分を切開した上，プロテーゼを下顎骨に密着させて挿入する方法が採られていると認定した。その上で，「下顎口腔内の下歯から1センチメートルほど下の粘膜部分を切開して，プロテーゼを下顎骨に密着させずにより上部に挿入する」という本件手術の方法は，通常成書にも記載されていない特殊な方法であること，「口唇や頬に力を入れるとプロテーゼが浮いて顎にしわが寄る状態になり，また切開部が通常の方法によるときよりも上部であるため，縫合した所に袋状の膜（はんこんによる突っぱり）が生じて，そこに食物残渣がたまるし，違和感をも生じさせる」という結果について十分患者に説明して，その納得を得た上で施行した場合でない限り，違法であるとして，過失を認めた。

84

第1 顔の輪郭に関する施術

こめかみ形成術についての裁判例【7】

神戸地判平13・11・15（裁判所ウェブサイト）

ア 事案の概要

　美容室での事故による髪の生え際あたりのやけど痕の修正手術とミニフェイスリフト手術（顔上半分の皮膚の引き上げ手術）を受けることを希望したところ，被告から，こめかみの凹みへのシリコンプロテーゼ埋入手術を併せて行うことを熱心に勧誘され，上記手術と同時にシリコンプロテーゼ埋入術を受けた原告が，説明義務違反，適正手術義務違反等があったとして損害賠償を請求した事案。

イ 結 論

　認容額249万5,820円（治療費43万5,860円（内43万500円は被告医院に支払った治療費），交通費9,960円，通院慰謝料30万円，後遺障害慰謝料150万円，弁護士費用25万円）

ウ 主な争点

　① 説明義務違反

　② 手技上の過失

エ 判 旨

(i) 説明義務違反

　「こめかみへのシリコンプロテーゼ埋入手術の目的は美容整形であり，より美しくなりたいとの個人の主観的願望を満足させるために行われるものであって，生命ないし健康の維持に必須不可欠のものではないのであるから，患者がその治療を受けるべきか否かの判断をするための情報を与えるべき要請は一般の医療行為よりも大きく，したがって，その実施にあたっては，被告において，原告が十分な情報を得た上で，その治療を受けるか否かを決定することができるよう，事前に，同手術の内容，方法，費用についてひととおりの説明をするだけでなく，その予想される副作用や後遺症等についても十分な説明をなし，そのうえで，その手術の実施につき承諾を得る必要があった」とした。その上で，こめかみ

85

第2章　施術別概要と裁判例

へのシリコンプロテーゼ埋入手術を勧めるに際し，「手術後の移動の可
能性については，単に，他院ではそのような症例をみたことはあるが，
被告の手術例では生じたことはないと述べて，そのような事態はまず生
じないと誤信させるような説明しかせず，むしろ，傷痕修正と同時にシ
リコンプロテーゼ埋入手術が行えることを利点として手術を勧めた」と
して，説明義務違反を認めた。

(ii)　手技上の過失

　シリコンプロテーゼの埋入位置に関し，適正手術義務違反は否定され
た。

　シリコンプロテーゼの移動については，移動の原因を特定することは
困難である等として，この点についても，治療上の過失は否定された。

4 裁判例の考察

　顔面輪郭修正については，骨削り，プロテーゼ埋入など多彩な方法が採ら
れ，大がかりな手術となることも多く，様々な合併症が生じ得る。

　裁判例【2】では，患者の主観的願望を損なう結果になった事例について，
患者が明確に要望を伝えていたことを考慮して過剰切除を認めたが，裁判例
【3】では，カルテ上の記載がないことから，患者が希望を述べたこと自体
認定されなかった。

　裁判例【1】は，成書で認められていない特殊な手術方法であることにつ
いての説明義務を認めた一例である。

　また，裁判例【2】が，具体的な説明を手術の直前に行うことが不適切で
ある旨述べた点は，重要な指摘である。

86

第2 フェイスリフトに関する施術

❶ はじめに

　東京都消費生活総合センターが都内の消費生活センターに寄せられた「美容医療」に関する相談の特徴と傾向を分析した資料（「平成27年度『美容医療』の消費生活相談の概要」東京都消費生活総合センター）によれば，リフトアップ（たるみ取り・しわ取り）に関する相談は，平成23年度48件，平成24年度88件，平成25年度163件，平成26年度224件と急増した。

　また，同手術の平均契約購入金額は，平成23年度67万3,252円，平成24年度76万4,907円，平成25年度94万3,393円，平成26年度112万5,381円と金額も増加している。

　国民生活センターが平成24年1月に行った「美容医療・契約トラブル110番」において，相談件数93件のうち，しわ取りが20件，たるみ取りが13件と，合計で相談の3分の1以上を占めた。

　平成29年12月1日に施行された特定商取引法施行規則（31条の4）では，「薬剤の使用又は糸の挿入による方法」による「皮膚のしわ又はたるみの症状の軽減」が，特定継続的役務提供として規制の対象になった。ただし，糸によるリフトについては，継続的な契約の例は少ないと思われる。

❷ 施術方法等について

(1) フェイスリフト（顔面除皺術）

　フェイスリフトは，頭部・顔面の皮膚を切開，剥離し，引き上げて縫合，癒着させることによって，しわやたるみを修正する手術である。

　大別すると，皮膚を牽引する部位に応じて，前額除皺術，こめかみ除皺術，頬部除皺術，頸部除皺術がある。

第2章　施術別概要と裁判例

　頬部除皺術・SMAS法は，頬，頸部，鼻唇溝，耳介前部のたるみの改善を目的とするもので，顔面の下3分の1が引き締められる。術式は以下のとおりである。

① 術前デザイン

　術前に切開線のデザインを決定する。

② 皮膚の切開，剝離

　術前に決めた切開線に沿って皮膚を切開し，その切開創から皮膚を薄く剝離する。

③ 脂肪吸引を希望する場合

　頬部，頸部の脂肪を切開創から吸引する。

④ SMAS処置

　剝離した皮膚下に現れるSMAS（Superficial Musculo Aponeurotic System）筋膜を剝離して皮弁（血流のある皮膚・皮下組織や深部組織）を作り，それを引き上げ縫合する。

⑤ 皮膚切除・縫合

　引き上げたことによって余った皮膚を切除し，縫合する。

　合併症：血腫，皮弁壊死，顔面神経麻痺，知覚障害，瘢痕，色素沈着・脱失，脱毛，耳垂変形，感染，耳珠の変更，もみあげの変形，頸部のつっぱり，つり眼

(2) スレッドリフト（糸によるリフト）

　特殊な糸を顔の皮下組織に挿入し，糸に付いた棘やコーンが皮下組織に引っ掛かり，顔の皮膚のたるみの引き上げを図る施術である。

　スレッドリフトは大きく二つに分類され，①糸の棘（引っ掛かり）が糸の中央に向かって双方向に付けられ，組織を中央に引き寄せるような使われ方をするタイプ〔Free floating Type（浮遊型）〕と，②糸の一部を支持組織に縫合して固定するタイプ〔Fixation Type（固定型）〕に分けられる。

　スレッドリフトの引き上げ効果は，フェイスリフトに比べると限定的であって，顔のたるみについて現状維持を図り，それ以上に顔にたるみを生じさせないという程度のものであるとされる。

合併症：顔面部の疼痛，切開部の脱毛，感染，糸の脱出ないし突出，皮膚の表面が凸凹になること

【図3】Free floating type

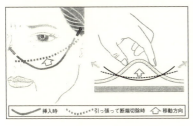

【図4】Fixation type

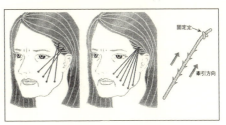

出典：鈴木芳郎『スレッドリフトの機序および目指すべき効果と可能性について』形成外科53巻6号610頁（克誠堂出版，2010年）

3 裁判例

フェイスリフトについての裁判例【9】
大阪地判平12・1・31（ウエストロー・ジャパン）

ア 事案の概要
豊胸術，双瞼術，フェイスリフトの美容外科手術を受けた原告が，外貌傷痕等が残ったとして損害賠償請求をした事案。

イ 結論
認容額401万2,276円（フェイスリフトのほか，豊胸術，双瞼術について。再手術費用120万円，休業損害30万円，治療費及び交通費11万2,276円，慰謝料200万円，弁護士費用40万円）

ウ 主な争点
① 手技上の過失
② 説明義務違反

第2章　施術別概要と裁判例

エ　判　旨

（i）　**手技上の過失**

切除部位に関して，頭髪法，生え際法等の方法があるとし，「頭髪法は術後の瘢痕が髪に隠れる等の長所がある反面，切除効果が少ないことがあることが指摘されていること，生え際法は効果が大きい反面，切開線が目立つ等の短所が指摘されている」という点を挙げ，「術式の選択については患者の選択に委ねられている」とした上で，生え際法を選択した点それ自体についての過失は否定した。

縫合の手技について，手術後に原告の前額部の生え際，耳の前や後ろの縫合部分から合計約40本程度の中糸が皮膚表面に出てきたことについて，「糸の選択，滅菌使用期限を過ぎた糸を使用したこと，縫合技術の未熟，糸周囲の感染等何らかの手技上の原因により右不具合が生じたものと推認される」として，債務不履行を認めた。

（ii）　**説明義務違反**

頭髪法，生え際法等のいずれの術式を採用するかは術者，患者の選択によると記載されている医学文献があることから，右各術式には一長一短がある旨認定した上で，「しわとり手術の術式にはどのようなものがあるか，本件術式では額に傷痕が残ること，起こり得べき合併症，後遺症（特に中糸が出てくること）について説明して，原告にそもそもしわとり術を行うか，行うとしていかなる術式によるかについて，合理的な選択の機会を与えるに足りる説明義務」があるとした。その上で，被告医師の著書により，「あたかも手術をしても傷跡が残らないかのごとき説明がなされているのであるから，特に傷跡が残ること等については，一層具体的かつ的確な説明をして注意を喚起すべき義務があった」とした。そして，十分な説明を尽くさなかったとして，説明義務違反を認めた。

第2　フェイスリフトに関する施術

フェイスリフトについての裁判例【10】

名古屋地判平12・9・19（ウエストロー・ジャパン）

ア　事案の概要

　フェイスリフト（頬・頸部）を受けた原告が，側頭部に瘢痕が残存したことについて，損害賠償請求をした事案。

イ　結　論

　認容額455万8,500円（本件手術代金164万8,500円，慰謝料250万円，弁護士費用41万円）

ウ　主な争点

　説明義務違反

エ　判　旨

　一般論として，「美容整形手術は，疾患の治療を目的とする本来的な医療行為と比べて一般に緊急性や医学的必要性に乏しい場合が多く，とりわけ，本件手術のように，顔面など衣服に隠れず比較的人目に付きやすい箇所に手術を施す場合には，美容整形手術が患者の主観的な満足を主たる目的にするものである以上，手術後に傷跡が残存するかどうか，残存するとすればどの程度のものになるかが患者の最大の関心事となることは明らかであるから，この点を十分に説明しなければならない」とした上で，被告医師について，「本件当時自らの美容整形手術について，テレビや雑誌等を通じて傷跡が残らないことを含む基本三本柱（注：痛くない，腫れない，傷跡が残らない）に基づく宣伝，広告活動を展開し，電話相談の受付でも手術による不利益の説明は事後の医師によるカウンセリングに任せ，電話相談の際には，右基本三本柱を中心とした説明をするように指示していたのであるから，被告としては，これらの記事，電話相談内容を信じ，傷跡が残らない美容整形手術を受けることができると信じて被告医院を訪れ，被告の治療を受けようとする患者が多数に上ることは，当然予想していたはずであるし，むしろそのようにしてひとまず患者を勧誘するという経営方針がとられていたこと」を認定した。

91

第2章　施術別概要と裁判例

　そして，「被告が医師として患者にカウンセリングを施す際には，宣伝記事には載っていない治療効果の限界や危険性，傷跡の残存の有無・程度など，被告の指示によって行われた宣伝，広告活動によって患者が被告の治療に対して抱いた過度の期待や誤解を解消するに十分な説明をすべき注意義務がある」として，被告が，本件手術によって傷跡が残ることの説明をしなかったことを認定し，説明義務違反を認めた。

フェイスリフトについての裁判例【11】
東京地判平28・9・29（ウエストロー・ジャパン）

ア　事案の概要

　フェイスリフト，顎部脂肪吸引手術等を受けた原告が，標準的な手技によって手術を実施しなかった手技上の過失，説明義務違反等を主張して，損害賠償した事案。

イ　結　論

　認容額30万円（麻酔方法に関する説明義務違反についての慰謝料）

ウ　主な争点

　①　手技上の過失（標準的な手技によって手術を実施しなかった）

　②　麻酔方法の選択に関する注意義務違反

　③　説明義務違反

エ　判　旨

（i）　**手技上の過失**（標準的な手技によって手術を実施しなかった）

　　①切開が不十分であったとは認められない，②皮下組織の剥離範囲が不十分であったとは認められない，③原告主張の手技が行われていないことを認めるに足りる証拠はないとして，手技上の過失は否定した。なお，頬部のたるみが解消されず，かえってたるみが悪化したことを理由として標準的な手技によって手術がされていないとする原告の主張は，「本件手術によって原告の望む効果が生じなかったとしても，そのことから直ちに被告の手技上の注意義務違反が推認されるものとはいえない」として否定されている。

92

第2　フェイスリフトに関する施術

(ii)　麻酔方法の選択に関する注意義務違反

「原告が痛みにおそれを抱いていたことや一般的には局所麻酔には麻酔効果が不安定になるリスクがあるとされていることなどを考慮しても，被告の麻酔方法につき，医師としての裁量を超えた違法があるとは認められない」とした。

(iii)　説明義務違反

「必要な手技を行っても希望どおりの効果が生じないことがあり得ること」についての説明義務違反は否定した。

「使用する麻酔方法や，それによって引き起こされる可能性のある痛みの程度につき明確に説明すべき義務」を認め，この点についての説明義務違反を認めた。

フェイスリフトについての裁判例【12】

東京地判平28・11・10（判タ1438号199頁）

ア　事案の概要

フェイスリフトを受けた原告が，期待していた効果が得られず，手術痕が残ったとして損害賠償請求をした事案。

イ　結　論

認容額55万円（慰謝料50万円，弁護士費用5万円）

ウ　主な争点

①　手術において十分な長さの切開をしなかった注意義務違反

②　説明義務違反

エ　判　旨

(i)　手術において十分な長さの切開をしなかった注意義務違反

「フェイスリフト手術における切開線の長さは，一律に定まっているものではなく，中顔面のみを引き上げるmini facelift法では側頭部から耳珠部を経て耳垂前部まで至るが，中顔面だけでなく頸部まで引き上げるtotal facelift法では更に耳垂後部を経て後頭部まで至るとされている」ところ，本件はmini facelift法の切開線としては十分な長さであると認

93

第2章　施術別概要と裁判例

定した。そして，「mini facelift法には，total facelift法に比べて術後効果と持続期間が若干劣るという欠点があるものの，SMAS法と併用すればtotal facelift法の70％ないし80％の効果が期待でき，他方で，手術侵襲が少なく合併症と後遺症が少ないなどの利点もある」として，「被告がmini facelift法を選択したこと自体が医療水準に反しているとはいえない」とした。また，原告の年齢や頬のたるみの程度から，mini facelift法の適応があったとされた。このようなことから，手術において十分な長さの切開をしなかった注意義務違反は否定した。

(ii)　**説明義務違反**

手術の効果について，「審美目的の医療行為において，これを希望する患者の年齢，既往，手術歴などにより審美目的の医療行為の効果に影響を与え得る個別的な事情がある場合には，医師としては，当該患者に対し，審美目的の医療行為の効果について，そのような当該患者の個別的な事情も踏まえた具体的な説明をする必要がある」という一般論を述べた。その上で，フェイスリフト手術の効果について，ベッドで仰向けになったときの顔になるという程度のものであるという一般的なことだけでなく，本件フェイスリフト手術当時32歳であったという原告の年齢や，原告が骨切り手術を受け，これにより生じたとする顔面の皺やたるみを改善したいという原告の個別的な事情を踏まえて，「原告がフェイスリフト手術を受けても，骨切り手術により生じたとする若年の原告の顔面の皺や弛みを改善できる効果はそれほど大きくなく，その効果が現れにくいことを具体的に説明すべき義務」を認定し，この点について説明義務違反を認めた。

合併症について，審美目的の医療行為であるフェイスリフト手術を行おうとする医師としては，これを希望する患者に対し，「美容整形手術に関する一般的な医学文献に記載されている代表的な合併症については，当該医学文献に記載されている程度に具体的に説明する必要がある」とし，具体的には「フェイスリフト手術の合併症として生じる手術痕について，単に，多くの場合は近寄って細かく見なければなかなか分からな

94

い程度の手術痕が不可避的に生じるといった程度の説明をするだけでなく，患者の体質等によっては肥厚性瘢痕のように目立つものとなることもあり得ることについてまで説明すべき義務」を認定し，説明義務違反を認めた。

スレッドリフト術についての国民生活センターADR例

平成26年3月20日独立行政法人国民生活センター公表[32]

ア　事案の概要

ほうれい線，口角のしわ，毛穴の開きの改善を希望していた患者が，最も効果があり，その効果を5年以上も保てるとしてフェイスリフトを強引に勧められ，手術を受けたところ，効果がなく，頭の膨らみや鼻と顎の痛みなどの後遺症が残った事案。

イ　ADRの概要

仲介委員は，両当事者の聴取内容等を前提として，申請人に対する施術前の説明やカルテの記載内容の不十分さなどを相手方に伝え，既払額（注：95万円）の8割の返金を求める内容の和解案を提示した。

その時点で未履行となっていたヒアルロン酸入りの注射及びレーザー治療を引き続き受けることを条件に，既払額の6割で和解成立。

スレッドリフト術についての和解例

東京地裁平29・12・6（医療問題弁護団ウェブサイト）[33]

ア　事案の概要

大手美容外科においてスレッドリフト術を受けた原告らが，施術の効果持続期間や合併症についての十分な説明がなされなかったとして施術代金や慰謝料等の損害賠償を請求し，他方，被告が原告らに対して未払手術代金を請求した事案。

32）http://www.kokusen.go.jp/pdf/n-20140320_5.pdf#page=28
33）http://www.iryo-bengo.com/general/press/pressrelease_detail_54.php

イ 和解内容の概要

「被告は，本件紛争の発生及び経過を重く受け止め，原告らに対し，遺憾の意を表する。」との条項や，「被告は，被告の医院における説明内容（特に，施術の内容・方法や効果の点）について原告らから問題点を指摘されたことを真摯に受け止め，改めて，患者の自己決定の前提となる必要十分な説明及びこれに基づいて熟慮した患者の自己決定を尊重することの重要性に思いを致し，より良い医療の提供に努めることを約する。」との再発防止条項が盛り込まれた。

和解金額については，口外禁止条項により非開示となった。

 裁判例の考察

裁判例【10】は，一般論として，美容整形手術について，緊急性や医学的必要性に乏しいことや患者の主観的な満足を主たる目的にするものであることを挙げて，術後の状態について十分な説明の必要性を説くものである。

裁判例【12】は，患者の個別的な事情を踏まえた効果について具体的に説明すること，代表的な合併症について医学文献に記載されている程度に具体的に説明することを求めた。

裁判例【9】及び【10】は，著書やテレビ・雑誌で当該手術の優位性を強調している場合に，説明義務を加重する旨述べている。

第3　フィラーに関する施術

第3 フィラーに関する施術

❶ はじめに

　昨今，コラーゲン・ヒアルロン酸などのフィラー（注入剤）を使用する施術が様々な分野で報告されているが，一方でフィラーを使用する施術については危険性も指摘されているところである。

　韓国美容外科学会は，『Archives of Aesthetic Plastic Surgery』2016年2月号にて，注入後晩期に生じる深刻な合併症などを考慮し，長期間の安全性に関するエビデンスが蓄積されていない現状ではアクアフィリング（フィラーの一種）の使用に明確に反対するとの声明を出した。これを受けて，日本美容外科学会（JSAS）理事会も，アクアフィリング等による豊胸術を推奨できないとした。

　また，包茎手術に関連して受けたヒアルロン酸注入の施術後，組織が壊死したという事例もあり，[34] 合併症事例が報告されているところである。

　高齢者に限ってみれば，フィラー注入について「安心安全」「5～6年間はもつ」などと説明され，1,000万円前後の請求を受けたというトラブルが複数報告されているところである。[35]

❷ フィラーについて

(1) フィラーとは

　フィラーとは，元来，歯科治療に用いるレジン等に添加するガラス，シリカやジルコニアの粉末のことを指していたが，現在はヒアルロン酸，コラー

34）国民生活センター「美容医療サービスにみる包茎手術の問題点」（平成28年6月23日公表）5頁　http://www.kokusen.go.jp/pdf/n-20160623_2.pdf
35）国民生活センター「60歳以上の女性の美容医療トラブルが高額化！」（平成28年9月15日公表）　http://www.kokusen.go.jp/news/date/n-20160915_1.html

第2章　施術別概要と裁判例

ゲンなどの充填剤一般を指して使用されることがある。

　フィラーは最終的に体内で吸収されるものと吸収されないものに大別される。吸収される素材については，体内に吸収されてしまえばフィラーは無くなってしまうので，フィラーによる効果も無くなることになる。そのため，効果持続期間は吸収期間に比例することになる。他方，吸収されない素材については，効果持続期間が吸収素材に比して長期間になる可能性があるものの，体内に吸収されずに残るため後遺症をもたらすリスクが高くなる。[36]

(2)　フィラーの主な合併症

　注入時，血管に入れてしまうと血管を詰まらせ塞栓症[37]を起こすか，大量に注入することで血管を圧迫してしまい血行障害を引き起こしてしまう危険性がある。[36]

　また，吸収されないと注入部に凹凸等が残ってしまうことがある。

③ 裁判例

説明義務違反との因果関係を認めた裁判例【14】
大阪地判平27・7・8（判時2305号132頁）

ア　事案の概要

　Xは，眉間や下眼瞼部のしわとたるみの改善を目的として，Yの開設する診療所において3回にわたり「スーパー〇〇」[38]と称する美容療法を受けたところ，施術後も注入部位付近のしわやたるみ等に改善がみられなかったとして，損害賠償請求をした事案。

36）国民生活センター「美容医療サービスにみる包茎手術の問題点」（平成28年6月23日公表）11頁，12頁　http://www.kokusen.go.jp/pdf/n-20160623_2.pdf
37）異物や血栓などが循環系に入り込んだため，血管やリンパ管の腔が部分的または完全に閉塞した状態。血行や組織への血液の分配が障害され，組織が変性，壊死に陥る。
38）「スーパー〇〇」とは，口腔内から採取した細胞を培養し，これを対象部位に注入することによって皮膚のしわ，たるみ等を除去，改善することを目的とした美容療法のこと。

第3 フィラーに関する施術

イ 結論

認容額203万2,668円（施術費用等143万2,668円，慰謝料30万円，弁護士費用30万円）

ウ 主な争点

① 説明義務違反の有無

② 説明義務違反と損害との因果関係の有無

エ 判旨

(i) 説明義務違反の有無

「仮に，当該美容診療を実施したとしても，その効果が客観的に現れることが必ずしも確実ではなく，場合によっては客観的な効果が得られないこともあるというのであれば，医師は，当該美容診療を実施するにあたり，その旨の情報を正しく提供して適切な説明をすることが診療契約に付随する法的義務として要求されている」とした上で，本件ではスーパー○○は個人差が生じることなく高い効果が得られるなどと説明しているとして説明義務違反を認めた。

(ii) 説明義務違反と損害との因果関係の有無

「美容診療を実施しようとする医師が当該美容診療による客観的な効果の大小，確実性の程度について適切な説明義務を怠った場合は，上記のような説明をしなくても美容診療を受けようとする者がすでに当該美容診療の効果が確実ではないことを認識していたなどの特段の事情のない限り，当該医師による上記説明がされなかった結果，当該美容診療によって美容効果が確実に得られるかのような錯誤に陥り，そのような誤解に基づいて当該美容診療を受けるに至ったものと認めるのが相当である」とし，説明義務違反と損害との因果関係を認めた。

添付文書違反の主張が排斥された裁判例【13】

大阪地判平28・3・15（判タ1424号218頁）

第2章　施術別概要と裁判例

ア　事案の概要

目の下のしわの改善を目的とする美容整形の施術（PRP[39]にフィブラストスプレー[40]の溶液等を添加した液を注入する施術）を受けた患者の施術部位に膨らみ等の副作用が生じた事案。

イ　結論

請求棄却

ウ　主な争点

フィブラストスプレーについて適応外使用し，また添付文書上の用法と異なる方法で用いたことは過失か。

エ　判旨

「医薬品を適応外使用する場合については，製造業者等が，前記検証をしているとはいえず，添付文書においてその場合の用法等に言及しているともいえないから，平成8年判例の趣旨は及ばない」が，「医薬品を適応外使用する場合，その安全性については，製造業者等による前記検証がされていないのであるから，当該医薬品を適応内使用する場合よりも慎重に検討しなければならない」とした上で，「本件施術前には，学会で複数の医師により本件療法が推奨されていた一方で，本件療法の実施自体を否定する確たる知見が公表されていたとはいえず，本件施術後には，本件療法が広く実施され，学会で複数の医師により本療法が推奨されているものといえる。そして，被告医師は，大学時代に自ら行っていたb-FGF[41]の研究，本件療法を実施していた他の美容外科医師からの情報，自ら身内や知り合いに本件療法を試行した結果等を踏まえて，b-FGFの使用量等につき試行錯誤をしながら，本件療法を約100例実施した後に，本件施術を行っている」として医療水準に適合した本件療法を実施したとして過失を否定した。

39）自己多血血小板血漿のこと。
40）添付文書には，効能・効果として，褥瘡・皮膚潰瘍と記載され，用法として，凍結乾燥品を添付溶解液で溶解し噴霧機で噴霧すると記載されている。
41）創傷治癒に関わる増殖因子である塩基性線維芽細胞増殖因子のこと。

第3　フィラーに関する施術

④　裁判例の考察

　フィラー（注入剤）の事例でも説明義務違反の主張は散見されるが，危険性に関する説明義務の主張は因果関係の判断に至るまでもなく，そもそも説明義務違反自体否定される裁判例もみられる。これに対し，施術の効果に関する説明義務違反を主張した上記の裁判例【14】では，説明義務違反にとどまらず説明義務違反と損害の因果関係まで肯定した。上記の裁判例【14】では，患者が効果への関心が強いという美容医療の特質や，ウェブサイトなどの広告で，どのように患者を誘引しているのかも加味して判断しており，参考となる。

　また，ヒアルロン酸やコラーゲンなど医薬品製剤を注入する場合，患者側は，適応や用法がその添付文書（ないしメーカーの説明文書）に違反するとして，ペルカミンS事件判決（最三小判平8・1・23判時1571号57頁）を引用し医師の過失が推定されると主張するケースが見受けられる。しかし，上記の裁判例【13】では，そもそも適応外使用についてはペルカミンS事件判決を引用できる前提を欠くとされている。美容医療分野ではヒアルロン酸やコラーゲン等のフィラーが様々な部位で用いられており，適応外使用や添付文書記載の用法と異なる用法で使用されるケースも少なくないが，前述したとおり，このようなケースでは上記の裁判例【13】も判示しているように，ペルカミンS事件の射程の範囲外と考える裁判例が見受けられる。もっとも，上記の裁判例【13】では，適応外使用の場合には医薬品の承認段階で検証されていないため安全性について慎重に検討すべきであるとして，適応内使用のケースに比して医師の注意義務は加重されており，参考になる。

参考文献
伊藤正男ほか総編集『医学書院医学大辞典第2版』1691，2407頁（医学書院，2009年）

101

第4章 眼瞼に関する施術

1 はじめに

　眼瞼の美容施術には，重瞼術（二重瞼手術），眼瞼下垂修正術，眼瞼除皺術（瞼のたるみ取り），目頭・目尻切開術等がある。

　重瞼術は，美容外科手術の中で最もポピュラーな手術であるが，他方でトラブルも多い。東京都消費生活総合センターの「平成27年度『美容医療』の消費生活相談の概要」によれば，過去4年間の美容医療に関する相談のうち，「施術不良」，「返金」に関する相談には二重瞼手術に関するものが多い。また，二重瞼手術に関する相談数，平均契約金額は，ともに増加傾向にある。

2 施術方法等について

(1) 眼瞼の機能，解剖図

　眼瞼は，上眼瞼と下眼瞼から構成され，眼球やその表面を保護し，涙液の拡散に役立っている。

　眼瞼の厚みは個人差が大きいが，その違いはそこに含まれる脂肪量の差に由来している。一般に東洋人の眼瞼は眼窩より外側にあり，前頭，眉毛，眼瞼が同一平面上で，眼窩前縁と眼球間の間隔が狭い。このことが開瞼する際，眼瞼が眼球内に移動することを妨げ，東洋人独特の一重瞼や腫れぼったい目の原因となる。

【図5】上眼瞼解剖における東洋人と西洋人の違い（矢状断）

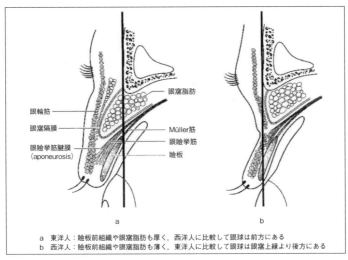

a　東洋人：瞼板前組織や眼窩脂肪も厚く，西洋人に比較して眼球は前方にある
b　西洋人：瞼板前組織や眼窩脂肪も薄く，東洋人に比較して眼球は眼窩上縁より後方にある

出典：「酒井成身：上眼瞼脂肪切除術，美容外科基本手術―適応と術式―（酒井成身編），p.14，2008，南江堂」より許諾を得て改変し転載

(2)　**重瞼術**（二重瞼手術）

　ア　はじめに

　　二重瞼は，開瞼時，眼瞼挙筋群の収縮により，眼瞼挙筋から皮下へ伸びる眼瞼挙筋腱膜が眼輪筋，瞼板前組織や皮膚を後上方に引き上げることにより上眼瞼溝が作成され，その上に皮膚がかぶさってできる。重瞼溝を人工的に作成するのが重瞼術であり，埋没法と切開法に大別できる。

　イ　埋没法（埋没式縫合法）

　　埋没法は，目的の二重のくびれの線（重瞼予定線）に沿って，皮膚から眼瞼挙筋又は瞼板にかけて数か所を縫合固定する方法である。縫合糸により挙筋の収縮を皮膚まで伝えて，重瞼溝を作成する。皮膚側で結索する方法と結膜側で結索する方法がある。

　　侵襲性が低い，傷跡が目立たない，やり直しができる等のメリットがある一方で，眼窩脂肪が多い眼瞼，腫れぼったい眼瞼では，二重の線が消失しやすいというデメリットがある。

第2章　施術別概要と裁判例

　　合併症：内出血，眼球の損傷，縫合糸周囲の炎症，重瞼の消失，重瞼幅
　　　　　　の狭小化・左右差等
　ウ　切開法
　　切開法は，重瞼予定線で皮膚を切開し，必要があれば，眼輪筋や余分な
脂肪等を切除して，皮膚と眼瞼挙筋腱膜，瞼板前組織等とを縫合固定する
施術である。縫合により生成される瘢痕繊維が挙筋の収縮を皮膚まで伝え
やすくする。
　　固定性が良いが，術後の腫脹が強く，瘢痕が残るデメリットがある。全
切開をすると傷が目立つため，小さな切開を1～2か所行う部分切開法も
ある。
　　合併症：内出血，縫合線周囲の色素沈着・知覚鈍麻・陥凹性瘢痕，三重
　　　　　　瞼，重瞼幅の左右差，内眼角側の開瞼不全等

【図6】埋没法，切開法

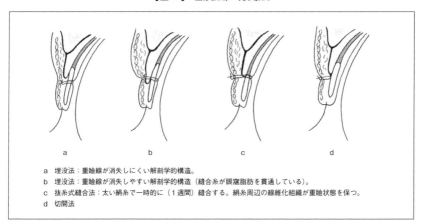

　　　　　　　　　出典：市田正成ほか編『美容外科手術プラクティス1』32頁（文光堂，2000年）

(3)　眼瞼下垂に対する修正術
　　眼瞼下垂とは，上瞼が下がり，物が見えにくい状態をいう。病態は連続的

第4　眼瞼に関する施術

であるが，定量的・客観的評価，定性的・自覚症状的な評価を組み合わせた診断基準が提唱されている。日常生活に支障をきたし治療を要すると診断された場合，保険適用となるが，美容目的の場合は自由診療となる。

　挙筋の機能障害等が原因である先天性のものと，挙筋やその腱膜が伸びて薄くなることによる後天性のものに大別され，後者には，近年増加している老人性の弛緩によるもの（老人性眼瞼下垂），コンタクトレンズの長期使用によるものが含まれる。

　眼瞼下垂の修正術には，挙筋前転術，前頭筋吊り上げ術等がある。挙筋前転術は，眼瞼挙筋を短縮する術式で，挙筋機能が比較的残っている場合に用いられる。前頭筋吊り上げ術は，何らかの引き上げ材料により瞼板と前頭筋を連結し，前頭筋の収縮力により上眼瞼を引き上げる術式で，挙筋機能が低下している場合にも適応がある。

　合併症：浮腫・血腫，挙筋の短縮のし過ぎや上眼瞼の吊り上げすぎによる
　　　　　兎眼，角膜の乾燥等

③ 裁判例（手技上の過失）

眼瞼部のたるみ切除等の手術について，手技上の過失を認めた裁判例【24】

東京地判昭52・9・26（判タ365号386頁）

ア　事案の概要

　目尻の小じわ解消のため注入したシリコンの除去，両下眼瞼のたるみの切除等の前後7回の美容整形手術を受けたところ，睡眠中も眼瞼が完全に閉じないなど，両眼瞼部に顕著な外反症状が発現した事案。

イ　結　論

　認容額324万7,777円（手術代・他院治療費63万305円，逸失利益160万7,472円，慰謝料100万円）

105

第2章　施術別概要と裁判例

ウ　主な争点

　外反症状に関する手技上の過失

エ　判　旨

　特に美容整形手術を担当する医師としては，美容整形手術が一般に緊急性及び必要性に乏しい場合が多いのであるから，当該手術の要否及び適否を慎重に判断し，また，手術を実施するに当たっては，当該患者の体質，患部の状況等について十分な事前の検査を行い，医師としての高度の専門的見地から，当該手術の時期，方法，程度，範囲等を十分に検討して，手術を実施するべき義務がある。さらに手術を実施する際も，術後の状態にも十分慎重な配慮をしながら事後の手術の進行，治療方法等を選択するべき義務がある。

　本件手術行為は技術的に困難で，相当の日時と回数を要するものであるが，被告は，格別の事前検査，診察をすることもなく，手術の時期，方法について検討することも，手術の奏功度合い，患者の手術後の状態に対して特段の配慮をすることもなく，5か月足らずの間に，右下眼瞼部に3回，左右上眼瞼部にそれぞれ2回ずつ皮膚の切開及び切除の手術を行っており，その結果として，眼瞼部の皮膚の切除が限界を超えたことにより原告の左右眼瞼部に外反症状を発現させたのであるから，一連の手術行為に関して，上記注意義務を怠った過失がある。

重瞼術（切開法）について手技上の過失を認めた裁判例【19】

京都地判昭54・6・1　（判タ404号123頁）

ア　事案の概要

　他院での二重瞼手術後の左眼瞼の外反症を治すため二重瞼手術（切開法）を受けた患者が，左眼瞼の溝が過剰な瘢痕形成により歪んだ，手術用絹糸が残存したため眼瞼部に痛みと異物感が生じたなどと主張して，慰謝料を請求した事案。

イ　結　論

　認容額30万円（慰謝料）

106

第4　眼瞼に関する施術

ウ　主な争点

①　手技上の過失（被告の手術により顔貌が損なわれたか）

②　手術後の治療義務（眼の痛み，腫脹の原因）

エ　判　旨

裁判所は，被告カルテの記載等を根拠に，原告の左上眼瞼の瘢痕は手術前からあったものと認定した。また，術後の写真により原告の二重瞼の左右の不均衡は認められるものの，原告の顔貌が著しく損なわれているという印象を受けず，被告の重瞼術自体が失敗であったということはできない。被告は，美容整形手術契約上，原告の瞼を美しく二重にする義務を負っているとしても，美しいか否かは各人の主観によるところが大きく，客観的に決し難いところがある。また，既往に左上眼瞼に瘢痕があった原告においては，上記術後の写真の程度の二重瞼が得られたのであれば，被告の義務違反は問い得ない。

原告の術後の眼の痛み，眼瞼の腫脹は，術後の炎症の存在を推認させ，当該症状は，術後消炎剤，抗生物質の投与など適切な治療をしなかったために起きたものと認められる。

また，美容整形手術は緊急性がなく，医学的必要性にも乏しいものであるから，依頼を受けた医師は，患者に対し，生理的機能的な障害を残さないように施術すべき義務を負うところ，被告は，抜糸の際，手術用絹糸の一部を左上眼瞼部に残存させて，原告に上記諸症状を発生させた過失がある。

重瞼術（埋没法）について手技上の過失を認めた裁判例【18】

京都地判平 7・7・13（判時1558号104頁）

ア　事案の概要

二重瞼手術（縫合埋没法）後に両眼瞼膿瘍，両カタル性角膜潰瘍となり，右眼の角膜混濁，角膜・瞳孔の変形，著しい視力低下，廃用性外下斜視を生じた事案。

第2章 施術別概要と裁判例

イ 結 論

認容額2,795万7,598円（治療費14万1,590円，休業損害61万3,087円，逸失利益1,880万2,921円，通院慰謝料70万円，後遺症慰謝料600万円，弁護士費用250万円）

ウ 主な争点

① 手技上の過失（患者の角膜潰瘍の原因）

② 術後措置の適否，因果関係

エ 判 旨

裁判所は，患者の角膜潰瘍の原因について，術前消毒薬等に対する過敏反応又は術後の細菌感染により眼瞼に高度な化膿性炎症が生じ，高度の腫脹による酸素欠乏，機械的刺激又は膿瘍の中にある埋没糸が結膜粘膜から露出したことにより角膜上皮障害を生じ，眼瞼の化膿性炎症の起炎菌やその代謝産物が角膜潰瘍を発症させたものと認めた。

遮眼せず，抗生物質及び腫れ止めの内服薬を3日分供与し，患部の塗り薬を与えたという被告の術後措置は，美容外科一般の措置であるが，眼科医の立場からすると術後の細菌感染の予防という点で極めて不十分である。手術により侵襲を受けた患部が細菌感染を受け易いことから，美容外科医として，遮眼等の措置を採っていない場合には，その予後に十二分な注意を払い，何らかの異常が生じた場合には直ちに来院させ，必要な措置を採るべき義務がある。

瞼が腫脹し膿瘍の状況になった場合は，速やかに，抗生物質の投与等により消炎し，眼にとって異物であり核となる可能性のある糸を抜去することが原則であるところ，原告は手術の直後から瞼の腫脹が酷く，2，3日してもこれが引かず，被告は，たびたび原告の母親から電話による相談を受けていたのであるから，原告を来院させて抜糸するなど必要な診療を行う義務があったが，これを怠った。

術後の細菌感染を完全に防止することは現実的には不可能であるが，術後細菌感染症に罹患した早期の段階で，抗生物質の投与，抜糸等の適切な措置が行われていれば，本件のような重篤な角膜潰瘍，眼瞼膿瘍にまで至らなかったであろう高度の蓋然性がある。被告の上記診療義務違反と原告

108

第4　眼瞼に関する施術

の角膜潰瘍との間には相当因果関係がある。

重瞼術（埋没法）について手技上の過失等を否定した裁判例【25】

名古屋高判平14・3・22（裁判所ウェブサイト）

ア　事案の概要

二重瞼の幅を変更して，上眼瞼のたるみを目立たなくする等の手術（埋没法）を受けた原告が，埋没法ではなく切開法を採用すべきであった，埋没法による効果や問題点を十分に説明しなかったために手術を受け，二重瞼が三重瞼になった，手術後，腫れと痛みがひかないため，埋没糸を切断抜去する手術を受け，左角膜びらんを発症したなどを主張して，損害賠償を請求した事案。

イ　結　論

原判決中の被告敗訴部分を取り消し，請求棄却

ウ　主な争点

① 手術の適応（本件患者には埋没法ではなく切開法が適切であったか）

② 手技上の過失（本件手術の結果，三重瞼になったか），因果関係

③ 説明義務違反（手術による痛みや腫れが長期間継続する可能性等の説明）

エ　判　旨

上眼瞼のたるみを取るため幅の広い二重瞼を狭い二重瞼にする目的のために，埋没法が不適切な方法であるとまで認めることはできない。

原告は，埋没糸抜去手術の3日後に左角膜びらんの診断を受けているが，同診断を受けた際，医師に本件手術及び埋没糸抜去手術を受けたことを話していない上，コンタクトレンズを入れていたと述べたこと，前日の被告医院における診察では異常が認められなかったことから，角膜びらんの発症には多様な原因が考えられるのであって，日時が近接していることのみから，上記角膜びらんと埋没糸抜去手術との因果関係の存在を推認することはできない。

本件手術前に撮影された写真は，手術後に撮影された写真に比べ，顔面

109

第2章　施術別概要と裁判例

より離れた位置から撮影されていること等からすると，原告提出の証拠によって，原告が本件手術前は三重瞼ではなく，本件手術によって三重瞼になったとまでは認めることはできない。

　原告が本件手術を受けてから埋没糸抜去手術を受けるまでの間に持続した両眼瞼の腫れや痛みについては，現実の腫れや痛みが被告の説明を超えるものであったとしても，腫れや痛みが持続する期間等が個々人によって異なることは説明されていたのであるから，被告の予想を超える痛みや腫れがあったとしても，そのことのみから，被告の説明が不十分であったとはいえない。

4　手技上の過失に関する裁判例の考察

　眼瞼の美容整形手術について手技上の過失を認めた裁判例としては，①手術により眼瞼部の外反が生じた事例，②術後感染により痛み・腫れ，失明等が発生した事例等がある。

　裁判例【24】は，多数回の切除手術後に眼瞼の外反が生じた事案について，美容整形手術の特質を根拠に，当該手術の要否・適否を慎重に判断する義務，十分な事前の検査を行い，手術の時期，方法，程度，範囲等を十分に検討して手術を実施するべき義務等があると判示した。

　同様の裁判例として，術前に予見された眼瞼の外反について，手術を敢行した医師に過失を認めた裁判例【22】がある。同裁判例は，手術を依頼したことをもって，患者に1割の過失相殺を認めたことも注目される。

　これに対し，手術後の二重瞼の不均衡等をもって，手技上の過失，診療義務違反を認めることに裁判所は慎重である。

　裁判例【19】は，被告の手術後の二重瞼の不均衡について，原告の顔貌が著しく損なわれているという印象を受けない，美しいか否かは客観的に決しがたいなどと判示して，契約上の義務違反を否定した。

　裁判例【18】は，被告がとった美容外科一般に行われている術後措置について，術後の細菌感染の予防という点で極めて不十分であるとしながら，そ

第4　眼瞼に関する施術

のことだけで直ちに注意義務違反を認めなかったが，その予後には十二分な注意を払うべきであるなどとして，被告の過失を認めた。同様に，眼瞼下垂治療後の早期感染治療を怠った過失を認めた裁判例として，【26】がある。

裁判例【25】は，患者から同様の主張がなされることが多い，手術の適応，結果の不具合，痛みや腫れの説明に関する原告の主張を否定した裁判例である。

5　裁判例（説明義務違反）

重瞼術について手術の危険性等に関する説明義務違反を認めた裁判例【21】

東京地判平9・11・11（判タ986号271頁）

ア　事案の概要

　他院による二重瞼手術後，二重の幅が広すぎ左右差が残ったと考え，約2年後に修整手術（切開法）を受けたところ，両眼瞼の幅は施術前と変わらず，かえって左上眼瞼の皮膚が上に引っ張られるように睫毛が外反したという事案。

イ　結　論

　認容額104万9,814円（手術費用等53万6,460円，慰謝料60万円の合計。なお，醜状については否定）

ウ　主な争点

　説明義務違反の有無（手術の危険性の説明）

エ　判　旨

　美容整形手術においては当該施術を行うかどうかの決定は，ひとえに依頼者自身の判断に委ねられるべきものである。したがって，依頼者に対し，医師は，医学的に判断した当人の現在の状態，手術の難易度，その成功の可能性，手術の結果の客観的見通し，あり得べき合併症や後遺症等について十分な説明をした上で，その承諾を得る義務がある。

111

第2章　施術別概要と裁判例

　上記説明は必ず口頭でされなければならないものではないが,「専門的
知識を有しない通常の施術依頼者に対しては,説明を要する事項について
十分な理解が得られるように,率直,かつ分かりやすい説明を工夫すべき
ものであり,単に注意義務を列挙した書面を交付するだけ事足れりとする
ことはできない」。

　被告は,原告に本件手術の説明をするに際し,それが極めて困難な手術
であって,手術の結果も術前の状態に戻ってしまう可能性がある,数度の
施術を必要とする場合もある,本件のような結果を生じることもあるなど
といった「本件手術の危険性に関して,口頭で具体的に平易に説明するこ
とをしなかった」。術前注意事項を受領した原告は,同書面をよく読まず,
本件手術の危険性について十分な説明を受けないまま,本件手術を依頼し
たものと認められる。

　したがって,本件は,本件手術の危険性に関する説明を尽くさなかった
違法があり,原告の供述によれば,原告は,上記説明を受けたならば,本
件手術を依頼しなかったことが認められるから,本件診療契約上の債務不
履行がある。

　ただし,裁判所は,原告が本件手術の限界が記載された書面を見せられ
たにもかかわらず,これを読まなかった過失を斟酌して,1割の過失相殺
を認めた。

眼瞼下垂に対する上眼瞼切除術について説明義務違反を認めた裁判例【20】

東京地判平17・11・21（裁判所ウェブサイト）

ア　事案の概要

　老人性眼瞼下垂に対する上眼瞼切除術を受けた患者が,担当医師から事
前に十分な説明を受けることができなかったために,症状改善の効果がよ
り大きくなるように,より大きい幅での切除を受けることができなかった
と主張して,損害賠償を請求した事案。

112

第4　眼瞼に関する施術

イ　結　論

認容額34万4,750円（慰謝料30万円，手術費用4万4,750円）

ウ　主な争点

説明義務違反の有無（手術の効果の説明）

エ　判　旨

本件手術では上眼瞼の皮膚が約4mmの幅で切除され，原告の眼瞼下垂による視野障害を大きく改善する効果はなく，顔貌にはほとんど変化が生じなかった。他方，切除幅を大きくすると顔貌の変化を生じる。

上記によれば，被告医師は，本件手術を行うに際し，原告に対し，切除幅と症状改善の程度，顔貌変化の程度との相関関係をできる限り具体的に説明した上，症状改善を重視してある程度の顔貌変化は許容するのかどうか，特に瞼が一重から二重になる程度の顔貌変化は許容するのかどうかについて質問し，症状改善効果の大きさと顔貌変化の小ささのいずれをよしとするのかの選択の機会を与えるべき診療上の義務ないし注意義務を負っていた。

被告には，上記説明ないし質問をしなかった点において，診療上の義務違反ないし注意義務違反がある。

被告の上記説明義務違反がなければ，原告は本件手術におけるよりも大きな幅での切除を希望し，実際にそのような切除術を受けてより大きな症状改善の効果を享受できたものと推認される。したがって，本件手術に要した費用，その後の受診に要した費用は，上記説明義務違反によって生じた損害とみることができる。

原告はもう一度同様の手術を受けざるを得ないと言えるし，同手術を受ける時期が遅れたこと等による精神的苦痛を受けたことが推察される。もっとも，より大きな症状改善の効果といっても，その差が具体的にどの程度のものであるかを認めるに足りる証拠はなく，もう一度手術を受ければ本来得られるはずの程度の症状改善の効果は得られる。これらの点のほか諸般の事情を総合考慮すると，上記精神的苦痛に対する慰謝料は30万円をもって相当と認める。

第2章　施術別概要と裁判例

下眼瞼除皺術により醜状痕が生じたことは否定されたが，説明義務違反を認めた裁判例【27】

大阪地判平17・11・21（東京・大阪医療訴訟研究会編著『医療訴訟ケースファイルVol.2』456頁（判例タイムズ社，2007年））

ア　事案の概要

　下眼瞼除皺術（下眼瞼の睫毛に沿い，涙丘付近から外眼角部，上下眼瞼の境界部を経て目尻の皺の線に沿って皮膚を切開し，眼窩脂肪と余剰皮膚を切除した上で，縫合する手術）後，両下瞼睫下2mmの部分に，内眼角から外眼角にかけて睫毛に沿ってそれぞれ約3.5〜4cmの手術後瘢痕，両下瞼に軽い陥没等が残存したため，損害賠償を請求した事案。

イ　結　論

　認容額71万7,500円（慰謝料30万円，手術費用36万7,500円，弁護士費用5万円）

ウ　主な争点

　①　手技上の過失（本件手術によって醜状痕が発生したか）

　②　説明義務違反の有無（手術による傷跡が残存する可能性）

エ　判　旨

　本件手術後の瘢痕は，現在において醜状痕と評するまでの程度であるとはいえない。

　下眼瞼除皺術は，顔面の，しかも目に近接する部分の美観の向上を目的とするものであるため，傷跡が手術部位に残るか否かという点は，被施術者が手術を受けるか否かを決するに当たって極めて重要な事項である。

　したがって，医師は，手術に先立ち，手術の結果として傷跡が生じ，それが完全になくなることはないということを，被施術者に対し，分かり易く，かつ明確に説明すべき注意義務がある。

　被告医師の説明は，傷跡が残存する可能性について分かり易く，かつ明確に説明したものとはいえないから，説明義務違反があったといえる。

114

第4 眼瞼に関する施術

重瞼術による二重の修正施術について説明義務違反を認めた裁判例【28】

東京地判平25・9・19（ウエストロー・ジャパン）

ア 事案の概要

原告は，前医による切開式重瞼術，埋没式重瞼術による瘢痕，埋没糸を除去し，スムーズな二重の線を形成する手術を行う手術（手術1）を受けたが，二重の線が希望通りの結果になっていないなどとして再手術を求めた。

原告と被告は，上記修正と右眼瞼の脂肪除去・挙上等を行う手術（手術2）を行うことを合意したが，被告が術中の判断で兎眼を予防するために瘢痕の切除範囲を半分にしたため，原告が被告は術前合意とは異なる手技を行った，その手技内容について説明義務を怠ったと主張して，損害賠償を請求した事案。

イ 結論

認容額192万1,191円（被告病院の治療費等6万7,030円，被告病院以外の治療費8万5,661円，通院交通費等9万8,500円，慰謝料150万円，弁護士費用17万円）

ウ 主な争点

① 手技上の過失（原告が希望する瘢痕全ての切除義務）

② 説明義務違反

エ 判旨

手術1については，被告に適切治療義務違反，説明義務違反は認められない。

手術2について，原告が切除を希望する瘢痕等を全て切除すれば，原告は兎眼となる可能性が高かったと推認され，原告が兎眼や眼瞼の外反について不安を訴えていたことに鑑みると，被告が当該瘢痕を全て切除しなかったことが注意義務違反を構成するとは認められない。

切除する瘢痕の範囲に関し，原告が二重の線の上下に出る皮膚がよれて皺のようになっている部分（以下「本件皺」という。）を全て切除することに

115

第2章　施術別概要と裁判例

強いこだわりを持っており，被告もその要望を認識していたが，他方で原告が兎眼や眼瞼の外反が生じることに不安を訴えていたという状況の下では，被告は，手術に先立ち，原告に対し，原告が希望する瘢痕等を全て切除すれば皮膚が不足して眼瞼の外反ないし兎眼が生じる可能性が高いこと，及び術中の判断によって切除する瘢痕等の範囲が縮小され，それによって術後に本件皺が残存する可能性が高いことを説明する義務があった。

被告は，上記説明をせず，安易に原告が希望する瘢痕等を全て切除することができると受け取られてもやむを得ないような説明をしたのであるから，説明義務に違反した。

⑥　説明義務違反に関する裁判例の考察

美容整形手術においては，その特質から患者自身の判断が重視され，通常の医療行為と比較して医師の説明義務が重く捉えられる傾向がある。裁判例【20】，【21】，【27】，【28】は，このような裁判例の大勢に沿ったものである。

裁判例【21】は，美容整形手術において，医師が患者に説明すべき内容を具体的に列挙したこと，医師が患者に対し，説明内容を記載した書面を見せた事実を認定しながら，口頭で具体的に平易に説明しなかったとして，説明義務違反を認めたことが注目される。

裁判例【20】は，当該手術による改善効果がほとんど認められなかった事案について，医師は，患者に対し，手術内容による症状改善効果の程度と顔貌変化の程度を具体的に説明した上，いずれを重視するかを術前に質問し，選択の機会を与えるべきであったと，説明義務の内容を具体的に捉えている点が参考になる。

美容整形手術においては，患者が強く希望する手術が危険性，困難性を有する場合も多い。裁判例【28】は，医師がそのような手術を敢行する場合には，患者に対し，事前に，当該手術を行った場合に起こり得る危険性，事態（術中の判断によって手術内容が縮小され改善効果が減少する可能性）を十分に説明する義務を負うことを認めたものと理解できる。

第4　眼瞼に関する施術

参考文献

木下茂監修ほか『標準眼科学第13版』8 頁（医学書院，2016年）

市田正成ほか編集『美容外科手術プラクティス1』28〜32，49〜51，61〜64頁
（文光堂，2000年）

酒井成身編集『美容外科基本手術―適応と術式―』9〜13，23〜31頁（南江堂，
2008年）

鶴切一三「重瞼術（埋没法および切開法）の合併症を回避するために」形成外科
56巻10号1017〜1025頁（2013年）

日本形成外科学会ほか編集『形成外科診療ガイドライン6　頭頸部・顔面疾患
頭頸部再建／顔面神経麻痺／眼瞼下垂症』94〜114頁（金原出版，2015年）

117

第2章　施術別概要と裁判例

第5　鼻に関する施術

1　はじめに

　東京都消費生活総合センターが都内の消費生活センターに寄せられた「美容医療」に関する相談の特徴と傾向を分析した資料（「平成27年度『美容医療』の消費生活相談の概要」東京都消費生活総合センター）によれば，鼻の手術（小鼻縮小，隆鼻など）に関する相談は，毎年数件〜数十件程度寄せられている。

　また，消費生活総合センター等に寄せられた相談における平均契約購入金額は，平成23年度48万5,000円，平成24年度33万1,890円，平成25年度151万5,571円，平成26年度94万9,144円，平成27年度上半期（平成27年9月まで）97万7,894円と増加傾向にある。

2　施術方法等について

【図7】鼻の構造

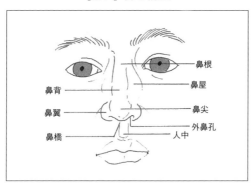

出典：市田正成ほか編『美容外科手術プラクティス1』192〜193頁（文光堂，2000年）

118

【図8】鼻の局所解剖図

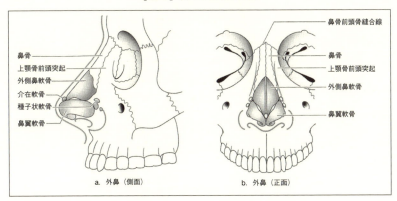

出典:「宮坂宗男,山崎明久:骨性斜鼻変形に対する鼻骨骨切り術,美容外科基本手術—適応と術式—(酒井成身編),p.87,2008,南江堂」より許諾を得て抜粋改変し転載

(1) **鼻の構造**

　鼻の役割は,第一に呼吸器としての気道であり,第二に感覚器として嗅覚を司っている。このほか,声の共鳴腔としての役割がある。このような鼻の生理機能を阻害する手術は避ける必要がある(鼻孔幅を狭くしすぎないなど)。鼻の構造は,外鼻と鼻腔に分けられ,外鼻は鼻根・鼻背・鼻翼・鼻尖の各部分からなる(図7)。

　図8に外鼻の骨・軟骨を示す。大鼻翼軟骨(鼻尖軟骨)は,左右に鳥が羽を広げたような形をしており,周囲の筋群や結合織と連結しているので,手術の際には慎重に剝離する必要がある。

(2) **施術の種類及び合併症**

　鼻に関する施術としては,隆鼻術,鼻尖形成術(だんご鼻修正),鼻翼縮小術,鼻中隔延長術(鼻先を下方に延ばす),斜鼻修正術(曲がった鼻を真っ直ぐにする)などの施術がある。その主な合併症としては,隆鼻術後のシリコンの偏位,シリコンの穿孔露出とそれによる鼻の変形,整鼻術後の鼻孔の非対称,出血や感染,腫脹などがあり得る。

(3) **隆鼻術**

　隆鼻術には,隆鼻材として人工物を使用するシリコンインプラント法,肋

軟骨や耳介軟骨などの自家組織を使用する方法がある。

　現在，人工物として用いられているのは主にシリコンプロテーゼであり，I字型及びL字型に作成して使用することが多い。

　近年では，鼻背や鼻根にフィラー（ヒアルロン酸，ハイドロキシアパタイト等の注入剤）を注入して隆鼻の効果をはかる施術も増加している。

　シリコンインプラント法による隆鼻術の合併症としては，シリコンの偏位，シリコンの穿孔露出，感染等が生じることがある。異物を挿入するため，十数年すると石灰沈着を起こすなどの状態が起こり得る。

⑷　鼻尖形成術

　鼻尖形成術は，いわゆるだんご鼻修正術である。

　術式としては，大鼻翼軟骨（図8）を寄せて縫合するなどして形成する術式や，耳介軟骨等を移植する術式（軟骨移植術）が行われている。鼻尖形成術の合併症としては，感染，腫脹，軟骨の寄せ過ぎ（いわゆるピンチノーズ）や左右の鼻翼軟骨の縫縮のバランスの違いによる偏位などが生じ得る。

⑸　鼻翼縮小術

　鼻翼（小鼻）の縮小術は，鼻翼（図7）の一部の皮膚と組織を切除した上，縫合する施術である。鼻翼縮小術の合併症としては，瘢痕が目立ったり，感染，腫脹，左右のバランスの違いなどが起こり得る。

3 裁判例

術式についての説明義務違反を認めた裁判例【1】
広島地判平14・9・24（裁判所ウェブサイト）

ア　事案の概要

　二重瞼，鼻及び下顎の美容整形手術を受けた患者（原告）が，手術後の二重瞼の幅が左右非対称で，縫合部が化膿し瘢痕が生じた，鼻に挿入したプロテーゼが動き鼻線が曲がった，下顎に違和感やしびれが残り，しわが生じたとして損害賠償を請求した事案。

第5　鼻に関する施術

イ　結　論

297万円（被告に対する手術費用90万円，修正手術費用のうち6割相当額87万円，慰謝料80万円，弁護士費用40万円）

ウ　主な争点（鼻の手術に関して）

① 　プロテーゼの動揺，鼻線の曲がりを生じさせた過失

② 　説明義務違反

エ　判　旨

裁判所は，「通常の隆鼻手術においては，骨膜下にプロテーゼを挿入する方法が採られており，本件のように骨膜上にプロテーゼを挿入する方法は，通常成書にも記載されていない特殊な手術方法である」として，同方法は手で触れるとプロテーゼが動く状態となり，また鼻線が左右非対称になり曲がりやすいと判旨した。そして，「このような結果は，美容整形手術を受ける者にとって通常不快感，嫌悪感を抱く結果となることは明らかである」とした上で，被告は「一般に成書で認められていない特殊な手術方法であること及びそれによる上記のような結果について十分患者に説明して，その納得を得た上で施行した場合でない限り，違法というべきである」と判旨した。そして，被告が，このような説明を行っていない点に過失を認めた。なお，損害については，被告における手術費用，再手術費用の6割，慰謝料を認めたものの，逸失利益は否定した。

合併症についての説明義務違反を認めた裁判例【5】

名古屋地判平19・11・28（裁判所ウェブサイト）

ア　事案の概要

被告が開設する鼻，眼，こめかみ及び顎に対する美容整形手術を複数回受けた男性患者（原告）が，Ｌ型インプラントによる隆鼻術について鼻孔の不整や左右差が生じた事案。

イ　結　論

90万円（慰謝料80万円，弁護士費用10万円）

121

第2章　施術別概要と裁判例

ウ　主な争点（隆鼻術に関して）

①　手技上の過誤（L型インプラントを鼻柱に沿って垂直に挿入すべき注意義務の違反）

②　説明義務違反

エ　判　旨

　裁判所は，手技上の過失については，施術前と施術後の写真を比較すると，「鼻孔の状態は，前者（注：手術前）のそれに比して，鼻孔の形態が変化してその左右差が多少大きくなっていることが認められる」とは認めたが，「上記鼻孔の形態の変化ないし左右差は，客観的にみて，社会通念上，人の容貌として不自然で，診療契約上の債務不履行を構成すると評価すべき程のものであるとまでは認めがたい」として，手技上の過誤は認めなかった。

　他方，説明義務については，「L型インプラントを使用した隆鼻術は，合併症・後遺症等として，鼻尖部でのインプラントによる挙上が強くて皮膚が薄くなり，化膿して露出することがあること，脚部が真っ直ぐに挿入できず偏位し，片側の鼻腔粘膜を持続的に刺激して露出することがあること，このような状態下で挿入されたインプラントをそのまま放置すると，鼻孔の左右差等を生じる可能性のあることが認められる」として，医療者に「隆鼻術を行うに先立ち，上記のような合併症・後遺症等の発生可能性について説明し，手術の諾否を判断するに足りる情報を提供した上で，その承諾を得るべき注意義務」があることを認定した。

　そして本件では，「被告は，原告に対する隆鼻術を行うに先立ち，術後に腫れ上がることがあること，稀であるがインプラントが露出してしまうことがあること，完全に真っ直ぐな鼻筋にはならないこと，手術を多数回繰り返すと鼻孔の形態が変化することがあること等の趣旨を説明したことは認められるが，L型インプラントの偏位による鼻孔の左右差の発生可能性について明確に説明した形跡は窺われず，これらの事実によれば，原告は，隆鼻術を行う医師に要求される上記注意義務を尽くしたと認めがたく，これに違反した過誤がある」と判示し，説明義務違反があったと認めた。

第5　鼻に関する施術

4　裁判例の考察

　鼻の美容医療に関する裁判例としては，隆鼻術に関する事例が多く，シリコンの偏位（左右差）に対する手技上の過失，施術に関する説明義務違反などが争われている。

　裁判例【1】は，骨膜上にインプラントを入れるという特殊な方法が採られた事案であるが，隆鼻術及び二重瞼術について説明義務違反があるとして被告における手術代金を損害として認めた上，再手術代金の6割も損害として認めた点に特徴がある。また，裁判例【5】は，L型シリコンインプラントを使用した隆鼻術の一般的な説明義務の内容を示している点が参考になると言える。

参考文献
酒井成身編集『美容外科基本手術―適応と術式―』62～97頁（南江堂，2008年）
市田正成ほか編集『美容外科手術プラクティスⅠ』（文光堂，2000年）

第 2 章　施術別概要と裁判例

第6　皮膚に関する施術

1　はじめに

　皮膚に関する相談事例として，国民生活センターのウェブサイト[42]には「美容皮膚科で顔のたるみ取りの施術を受けた後，痛みがあった。その後ピーリングを受け頬にケロイド状の傷ができた。納得できない。」「美容外科で鼻を高くするというプチ整形を行ったが，やけどのような痕が残った。痕をきれいに治してほしい。」などの事例が掲載されている。

　また，東京都消費生活総合センターが美容医療に関してまとめた報告[43]によると，平成23年度から平成27年度上半期までの期間における相談のうち，美容医療によって危害を受けた相談件数の累計でみれば，リフトアップ，脱毛，フィラーによる顔面等の形成術に次いで「しみ取り」に関する相談が多く，以下，二重まぶた手術に続いて「あざ・傷痕などの除去」の相談が多いとのことであった。

2　施術方法等について

(1)　皮膚の構造

　皮膚の構造は，大まかにいうと，表皮，真皮，皮下組織の三つに分類される（皮膚組織の構成要素については，以下の図を参照）。

---

42) 国民生活センター「美容医療サービス（各種相談の件数や傾向）」http://www.kokusen.go.jp/soudan_topics/data/biyo.html
43) 東京都消費生活総合センター「『美容医療』の消費生活相談の概要」https://www.shouhiseikatu.metro.tokyo.jp/sodan/tokei/documents/theme_2801.pdf

第6　皮膚に関する施術

【図9】皮膚の構造

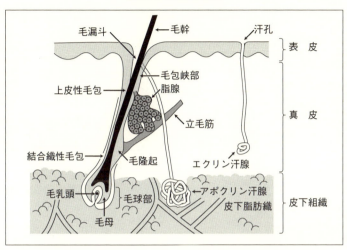

(2) ケミカルピーリング

　皮膚に化学物質を塗布し，角質又は表皮を剥離させ，その再生する自然治癒過程を利用して健常な皮膚組織に置き換える施術のことを指す。

　皮膚のくすみ，ニキビ，ニキビ痕，毛穴の詰まり，薄い色素沈着に対する施術として用いられている。

(3) レーザー

　ア　内　容

　　レーザー光線の色選択性，波長選択性などを利用して，色調異常部に障害を与える施術のことを指す。

　　レーザーを当てると，正常な皮膚には変化はないが，色素異常を起こしているメラニンやヘモグロビン等に光が吸収され，エネルギーを発して当該色素が破壊される仕組みである。

　　また，皮膚への浸透度は波長によって異なるため，光の強さ，波長，照射間隔を調整し，症状に合った施術を行うこととなる。

第 2 章　施術別概要と裁判例

イ　メリット

傷を残さない。1回の施術時間が短い。痛みが少ない。

ウ　デメリット

機械の出力調整が難しく，技術が未熟な者が取り扱うと熱傷などの事故を起こしやすい。

施術による色素沈着を起こす場合がある。

エ　禁　忌

肝斑[44]に対してレーザーを照射することは禁忌とされている。これは，肝斑は太田母斑，ソバカス，茶アザ等と区別がつきにくいところ，レーザーによる施術を行うと，かえって色素の増悪を起こす危険性が高いとされていることによる。

③　裁判例

ケミカルピーリングの処置に関し注意義務違反を認めた裁判例【32】

東京地判平15・10・23（ウエストロー・ジャパン）

ア　事案の概要

ニキビ痕除去目的でケミカルピーリングを受けたところ，肥厚性瘢痕が生じた事案。

イ　結　論

認容額761万5,908円（交通費1万6,800円，逸失利益329万9,108円，慰謝料360万円，弁護士費用70万円）

ウ　主な争点

①　相当因果関係の有無

②　検査義務違反

---

44) 20〜40歳代の女性の顔に左右対称に発生する，メラニン色素の沈着が原因のシミ。内分泌機能の異常ともいわれているが，原因ははっきりしない。内服薬，外用薬による治療が適している。

126

第6　皮膚に関する施術

③　経過観察・処置義務違反

エ　判　旨

　経過観察・処置義務違反に関し，「視診と触診だけで初診時に直ちにケミカルピーリングを行う以上（問診が十分でなかったことは前記のとおり），被告は，ケミカルピーリング開始後の原告の状態を観察し，異常があれば，直ちにケミカルピーリングを中止すべき」として，注意義務を措定した。

　その上で，「原告が痛みを訴えた上記時点でケミカルピーリングを中止していれば，顔全体が赤くなり，腫れ上がり，一部はびらんになり，長期にわたって痛みが続くというような症状が現れることはなく，マスク，ガーゼ，テープ等の使用によって本件肥厚性瘢痕が生じるということもなかった」のに，「被告は，本件ケミカルピーリング当時，施術を看護師に任せたまま，壁で隔てられた診察室におり，看護師が乳酸によるケミカルピーリングが終わったころに原告が痛みを訴えている旨伝えにくるまで様子を見に行かず，本件ケミカルピーリングを中止しなかった」から注意義務違反が認められる旨結論づけた。

肝斑のレーザー治療について，説明義務違反と契約の錯誤無効を認めた裁判例【31】

横浜地判平15・9・19（判時1858号94頁）

ア　事案の概要

　肝斑のレーザー治療を受けた患者において，前額部左側が色素沈着の状態となった事案。

イ　結　論

　認容額56万395円（治療費6万395円，慰謝料50万円）

ウ　主な争点

①　要素の錯誤の成否

②　説明義務違反

エ　判　旨

　裁判所は，原告が，A院長の説明により，自己のシミは一回のレーザー

127

第2章　施術別概要と裁判例

治療できれいに治り，副作用もほとんど心配する必要はないと信じて，自
己の貯金をはたいて80万円の代金でレーザー治療を内容とする本件診療契
約を締結したこと，当該動機は表示されていたこと，肝斑については一般
にレーザー治療は増悪の危険性があって無効あるいは禁忌とされていたも
のであったこと，被告クリニックにおいても，肝斑と診断した患者につい
ては一般の医学的知見に従いレーザー治療をしていなかったことなどを認
定した。

　そのような事実からすると，「原告が肝斑とレーザー治療との関係を
知ったならば当然本件診療契約を締結することはなかったと考えられるの
みならず一般人においても同様」であり「本件診療契約においては，対象
となる，治療行為の持つ客観的な性格とそれに対する患者である原告の認
識，すなわち契約締結の動機との間に食い違いがあった」として，契約の
要素の錯誤に該当するとした。

　また，説明義務について「美容医療の場合には，緊急性と必要性が他の
医療行為に比べて少なく，また患者は結果の実現を強く希望しているもの
であるから，医師は，当該治療行為の効果についての見通しはもとより，
その治療行為によって生ずる危険性や副作用についても十分説明し，もっ
て患者においてこれらの判断材料を前提に納得のいく決断ができるよう措
置すべき注意義務を負」うと述べた。

　そして，本件では「原告のシミは肝斑であって，肝斑に対しては一般に
レーザー治療は増悪の危険性があって無効あるいは禁忌とされているもの
であったから，仮に原告が当該治療を希望した場合であっても，A院長は
これらの点を十分に説明し，原告自らが納得のいく決断をすることができ
るよう措置すべき注意義務」があり，この違反があったことを認定した。

128

第6　皮膚に関する施術

ニキビ痕のレーザー治療について注意義務違反を認めなかった裁判例【33】

福岡高判平16・10・27（判タ1185号246頁）

ア　事案の概要

ニキビ痕のレーザー治療を受け，長期間にわたり顔に赤みが残った事案。

イ　結　論

請求棄却

ウ　主な争点

① 　説明義務違反

② 　診療契約上の付随義務違反

エ　判　旨

診療経過を詳細に認定した上で，「控訴人が行った前示のとおりの説明の内容及び方法等に照らすと，被控訴人が本件施術による治療を選択するに当たって必要な説明を相応に行ったものと認められ」るとし，説明義務違反を認定しなかった。

また，診療契約上の付随義務については，医学的知見やレーザー治療後の患者の経過を認定した上で，「本件施術による治癒経過が，一般的な知見と殊更に異なる経過をたどっているとは認められず，本件施術の実施に当たって，テストレーザーの実施や事前の皮膚状態の検査等を実施することが相当であると認める事由が存すると認め難い」とし，患者側が主張する付随義務を認定しなかった。

なお，原審（福岡地判平15・7・10）は，説明義務違反及び付随義務違反のいずれも認定し，患者の請求を一部認容した。

129

第2章　施術別概要と裁判例

肝斑のレーザー治療について説明義務違反を認めた裁判例【30】
東京地判平19・3・8（裁判所ウェブサイト）

ア　事案の概要

両頬のシミに，高周波とダイオードレーザーを同時に照射したことにより左頬部に熱傷が生じ，瘢痕が残存した事案。

イ　結　論

認容額208万6,913円（診療費26万3,025円，治療費12万3,888円，慰謝料150万円，弁護士費用20万円）

ウ　主な争点

① 説明義務違反の有無

② 因果関係の有無

エ　判　旨

説明義務違反の内容について，「ポラリスの施術を行うに当たっては，少なくとも，①ポラリスがシミに対して治療効果があることについては医学的な承認ないし確立はされていないこと，②肝斑に対しては，一般に，レーザー治療は禁忌とされ，薬剤による治療が効果的であるとされているところ，ポラリスもレーザー治療の一種であること，③ポラリスには，その施術部位に熱傷等の傷害を負わせる危険もあること，これらの点を事前に説明すべき義務があった」とした。

その上で，「本件のような美容治療において，患者の最大の関心事が，当該治療に効果があるのかどうか，効果があるとしてその程度はどうかということであることは，容易に推察される。そして，美容治療であるがゆえに，効果に疑問があるということであれば，当該治療を受けないということも十分に予想されるところ」であり，「効果について医学的な承認ないし確立がされていない治療法については，患者が，その旨の説明を受けた上で，それでも当該治療を受けることに同意するというのでなければ，当該治療を実施してはならないものともいえる」と判示した。

患者のインフォームド・コンセントが無い限り，当該施術が禁忌となる

第6 皮膚に関する施術

場合があり得るということを念頭において判断がなされているという特徴がある。

　また，因果関係については，「少なくとも上記①及び③の点について十分な説明を受けていれば，21万円もの大金を投じて本件施術を受けるということはなく，したがってまた，本件発赤等（熱傷）を生ずることもなかったことが認められ」ると判断し，レーザー手術のために支出した診療費全額を損害と認めた。

第7 脱毛に関する施術

1 はじめに

　PIO-NETには，2012年度以降2016年2月末日までの約5年間に，脱毛施術により危害を受けたという相談が　964件寄せられた。危害事例の内訳をみると，エステティックサロンで受けた脱毛によるものが680件，医療機関で受けた脱毛によるものが284件であった（平成29年5月11日国民生活センター「なくならない脱毛施術による危害」1頁）。

2 施術方法等について

(1) 医療機関とエステティックサロンの脱毛の違い

　脱毛は，大きく分けて，医療機関とエステティックサロンで行われている。
　高い脱毛効果を得るためには，皮脂腺開口部から毛乳頭の間にあるバルジ領域に存在する，毛を形作る細胞である「毛包幹細胞」を熱変性（破壊）する必要があるが，「毛乳頭，皮脂腺開口部等を破壊する行為」は「医行為」[45]に該当するため，医療機関でしか行うことができない。
　エステティックサロンで行うことができるのは，光を照射すること等による一時的な除毛・減毛など，医行為に該当しない範囲の施術のみである（平成29年5月11日国民生活センター「なくならない脱毛施術による危害」2頁）。

---

[45] 医行為：医師の医学的判断及び技術をもってするのでなければ人体に危害を及ぼし，又は危害を及ぼすおそれのある行為。（「医師法第17条，歯科医師法第17条及び保健師助産師看護師法第31条の解釈について（通知）」（平成17年7月26日付医政発第0726005号）

第7　脱毛に関する施術

【図10】毛根の構造

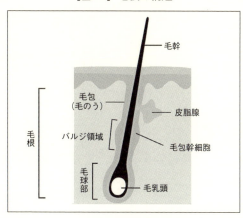

出典：国民生活センター「なくならない脱毛施術による危害」（平成29年5月11日公表）2頁
http://www.kokusen.go.jp/pdf/n-20170511_1.pdf

(2) 脱毛施術の種類と合併症
　ア　物理的な脱毛（エステティックサロンで行われることが多い）
　　毛抜き，シェービング，ワックスによる脱毛
　　合併症：ワックスによる熱傷，毛包炎
　イ　電気脱毛
　　毛包に細い金属製のワイヤー（プローブ）針を挿入して電流を流し発熱させ，その熱によって，毛包幹細胞を破壊し，脱毛する方法。
　　合併症：過剰な電流や高周波の出力のために，毛包に隣接した組織の破壊が著しいと，色素沈着や瘢痕を形成することがある。施術後のケアが悪い場合，毛包炎を生じることがある。
　ウ　レーザー脱毛
　　皮膚にレーザーを照射することによって，皮下の毛組織に含まれるメラニン色素にレーザーを吸収させ，熱により毛包幹細胞を破壊する方法。
　　光による脱毛は，エステティックサロンでも行われるが，毛包幹細胞を破壊するまでのことはできない。
　　合併症：レーザーの出力が強いことによる熱傷がある。特に，術中の表

133

第2章 施術別概要と裁判例

皮冷却が十分でない場合や肌の色が濃く表皮メラニン量が多い場合，表皮
剥離をきたすこともある。その他，毛包炎，単純疱疹，色素沈着，肥厚性
瘢痕（ケロイド）がある。これらの合併症を避けるために，詳細な問診，
インフォームド・コンセントとテスト照射は不可欠である。

❸ 裁判例

脱毛治療の合併症及び効果についての説明義務違反を認めた判例【36】

名古屋地判昭56・11・18（判タ462号149頁）

ア 事案の概要

両脚多毛症の原告に対し，事前に永久脱毛の困難等についての説明もな
く，ノーベルコロナという機器を用いて，看護師にさせた電気脱毛の脱毛
治療不成功（毛が再生し，脱毛効果がない）の結果，及び，一時的に焼痕が残
ることにつき，医師の説明義務違反による責任が肯定された事例。

イ 結 論

認容額55万7,000円（慰謝料35万円，治療費等20万7,000円）

ウ 主な争点

脱毛施術の効果についての説明内容（説明義務）

エ 判 旨

「治療行為にあたる医師は，緊急を要し時間的余裕がない等，格別の事
情がない限り，患者において当該治療行為をうけるかどうかを判断決定す
る前提として，治療の方法・効果あるいは副作用の有無等について患者に
説明をする義務があるというべきところ，本件においては，治療が一種の
美容整形であつて，身体の保全に必須不可欠なものではなく，しかも世間
では脱毛の治療効果があまり期待できないことについては知られていない
うえ，治療に際しては軽微とはいえ身体への侵襲を伴うものであることか
らすれば，治療にあたる医師は最小限永久脱毛は困難であること，ノーベ

134

第7　脱毛に関する施術

ルコロナの方法による場合は治療部位に一時的ではあるが焼痕が残ること
を説明する義務があつたというべきである」として，美容医療については，
高度な説明義務が求められるという裁判例の考え方を踏襲し，「被告病院
においては，医師による右の説明がなかつたばかりか，前記認定のとおり，
受付係においてあたかも永久脱毛が可能であるかの返答をし，看護婦Aも
治療の途中で相当長期間の治療を要すると説明したのみで，それ以上の説
明をしなかつたのであるから，この点において被告には説明義務を尽さな
かつた債務不履行があつたことは明らかである」として，慰謝料35万円と
原告が支払った治療費等20万7,000円を損害として認めた。

脱毛のレーザー照射の際の冷却処置に手技ミスを認めた裁判例【37】

東京地判平15・11・27（ウエストロー・ジャパン）

ア　事案の概要

　レーザー脱毛施術によって，熱傷，毛包炎，色素沈着が生じたことについ
いて，医療機関の不法行為が肯定された事案。

イ　結　論

　認容額15万円（慰謝料10万円，弁護士費用5万円）

ウ　主な争点

　医療レーザー脱毛におけるレーザー照射の際の注意義務

エ　判　旨

　「医療レーザー脱毛治療を実施する者は，肌の色，日焼けの有無，毛の
太さ・密度，基礎疾患等を考慮し，本照射の前に試行的に照射を行うなど
して，当該患者のその日の皮膚状態に適合したレーザー強度（ジュール数）
でレーザー照射を行い，照射中はもちろん，照射後も必要に応じてレー
ザー照射部位を十分冷却する措置をとるべき義務を負うというべきであ
る」と，レーザー照射の際には，十分な冷却措置を行う義務があることを
具体的に述べ，本件レーザー照射においては，「被告の担当医師，担当看
護師には少なくとも照射後の冷却が不十分であった過失があり，その結果，

135

原告に本件症状[46]，ひいては色素沈着を生じさせたものと認められるから，被告は，不法行為（使用者責任）に基づき，原告が本件症状，ひいては色素沈着によって被った損害を賠償する責任を負う」としたが，色素沈着等が回復していることに鑑み，慰謝料10万円と弁護士費用5万円の限度で請求を認めた。

裁判例の考察

裁判例【36】は，永久脱毛が困難であった時代の裁判例であるが，永久脱毛が困難であること，及び，治療部位に一時的に焼痕が残る可能性があることについて，医師が説明を怠ったとして，医師の債務不履行責任（説明義務違反）を認めたものである。脱毛施術に，医学的な必要性，緊急性に乏しいことから，説明義務の範囲及び程度も加重されるという，美容整形施術には高度な説明義務を求めるという裁判例の傾向に沿った判断がなされたものであり，本判決の基本的な考え方は，現在でも多くの裁判例において見られるものである。

裁判例【37】は，医師の手技ミスを認めたものであるが，医師による施術においても，レーザーの出力や冷却の程度の調整は，決して，容易なものではなく，十分な注意を要することを示唆するものである。

参考文献
日本美容皮膚科学会監修『美容皮膚科学　改訂2版』尾見徳弥225〜232頁（南山堂，2009年）

---

[46]「本件症状」とは，「左右の顎下の部分及び右下の口角部に，熱傷と考えられる水疱，毛膿炎と考えられるかさぶた」を指す。

第8 脂肪に関する施術

1 はじめに（トラブル事例の傾向等）

(1) 脂肪吸引について

　脂肪吸引に関するトラブル事例としては，皮膚の凹凸，瘢痕等の美容的合併症が生じた事例のほか，施術の侵襲性が高いことや，全身麻酔を用いる場合もあることから，死亡事故や重度の後遺症が残った事例も散見される。

　東京都消費生活総合センターが平成28年1月に発行した「『美容医療』の消費生活相談の概要」によると，脂肪吸引に関する相談は，平成23年度16件，平成24年度22件，平成25年度15件，平成26年度35件，平成27年度上半期18件と増加傾向にある。

(2) 脂肪溶解について

　脂肪溶解に関するトラブル事例としては，脂肪溶解注射に当たっての滅菌消毒処置を怠ったことで感染症が生じた裁判例【38】（後記3参照）がある。

　上記「『美容医療』の消費生活相談の概要」によると，脂肪溶解に関する相談は，平成23年度8件，平成24年度11件，平成25年度11件，平成26年度17件，平成27年度上半期16件と増加傾向にある。

2 施術方法等について

(1) 脂肪吸引

　　ア　概要

　脂肪吸引術とは，皮膚の小切開孔から脂肪吸引用カニューレを挿入し，皮下脂肪を吸引除去する施術である。あくまで部分痩身術であり，減量を目的とするものではない。

　適応部位は，頬，顎，上腕，胸部，腹部，腰部，背部，臀部，大腿部，

第2章　施術別概要と裁判例

下腿部，足首など，皮下脂肪が沈着する部位である。

tumescent液と呼ばれる脂肪層をふやけさせる液体を注入した上で，吸引するのが通常の術式である。最近は，ボディジェット,[47) VASER® [48) といった，改良された術式も用いられているが，基本的な原理は通常の術式と同様である。

イ　施術の手順

まず，術前検査等（問診，全身状態のチェック，血液検査，写真撮影，画像検査等）を行い，吸引する部位にマーキングをして施術のデザインを行い，カニューレにtumescent液を注入する。それから，麻酔，皮膚切開の上，切開した部位からカニューレを挿入して吸引する。

皮膚面の凹凸といった美容的合併症等の防止のためには，皮下脂肪の深い脂肪層を吸引することが重要である。

術後は，感染，炎症等の防止のためにドレッシングが重要であり，血腫，脂肪塞栓症，血栓症の防止のために施術部を圧迫することが重要である。

ウ　合併症

脂肪吸引は，皮膚の切開こそ小さいが，手術侵襲は大きいため，重篤な合併症が生じることがある。

器質的な合併症としては，①知覚障害，神経損傷，②貧血，出血性ショック，③肺動脈脂肪塞栓症，深部静脈血栓症，④血腫，⑤浮腫，⑥疼痛，⑦漿液腫，⑧感染症，⑨皮膚壊死，熱傷，⑩腹膜穿孔，横隔膜穿孔，⑪ドレーンやスキンプロテクターの皮下埋入，⑫肺水腫，肺浮腫，心不全，⑬血圧低下等が挙げられる。

美容的な合併症としては，①波状形成，②皮膚の凹凸，③皮膚弁の下垂，たるみ，④境界部の段差，⑤輪郭異常，⑥色素脱失，⑦瘢痕，⑧左右非対称等が挙げられる。

その他，麻酔事故も報告されている。

---

47) カニューレの先からジェット水流を散布しながら脂肪吸引を行う方法。
48) カニューレに超音波発振器が付いており，脂肪層に「VASER波」という超音波の高周波振動を加えて脂肪を柔らかくして吸引する方法。

138

第8　脂肪に関する施術

(2)　脂肪切除（腹部）

　ア　概　要

　　余剰の皮膚，皮下脂肪を切除する脂肪除去法である。

　　現在，脂肪過多症に対する外科的治療としては，脂肪吸引術が第一選択となるが，皮膚のたるみが強いといった脂肪吸引術で対処できない症例については脂肪切除術の適応となり得る。

　イ　手術の手順

　　まず，術前検査等（問診，全身状態のチェック，血液検査，写真撮影，画像検査等）を行い，切除する部位にマーキングをして施術のデザインを行う。

　　腹部の切開法としては，①縦切開法，②横切開法，③縦・横混合切開法（W-technique法）があり，③がよく用いられる。

　　それから，麻酔をし，皮切りと剥離を行い，脂肪と余剰皮膚を切除し，それが終わったら，皮膚の縫合を行う。

　　術後の圧迫，ドレッシングが重要であることは，脂肪吸引と同様である。

　ウ　合併症

　　器質的な合併症として，①知覚異常，②血腫形成，③漿液腫形成，④肺動脈脂肪塞栓症，脂肪血栓症，⑤皮弁壊死等が挙げられる。

　　美容的な合併症として，①左右非対称，②瘢痕，③側腹部の膨らみ等が挙げられる。

(3)　脂肪溶解（融解）

　ア　概　要

　　注射，薬，レーザー等により，外科的侵襲が少ない形で体脂肪を溶解させる方法である。現在，多くの美容医療機関にて実施されている。

　　もっとも，効果の有無ないし程度，合併症のリスク等につき，現時点では明確なエビデンスはない。なお，医療機関が薬剤等の保管過程等の滅菌消毒処置を怠ったことにより，患者が感染症を発症したという事例がある（裁判例【38】後記3参照）。

　　また，脂肪吸引等に比べて1回当たりの効果が高くないので，複数回実施することが必要であり，費用面でも問題が生じ得る。

139

第2章　施術別概要と裁判例

イ　脂肪溶解術の種類

(i)　メソセラピー

　脂肪溶解剤を，注射器あるいはメソガンという専用の機器を使用して皮下脂肪に注入する施術である。美容医療機関のウェブサイト等によると，これにより，脂肪が溶解し，溶解した脂肪は血中を経て最終的に体外に排出されるという。

(ii)　カルボキシセラピー（炭酸ガス療法）

　注射で炭酸ガスを皮下に注入する施術である。美容医療機関のウェブサイト等によると，これにより，赤血球中のヘモグロビンから酸素が放出されて血流量が増加し，脂肪等が分解されて体外に排出されるという。

(iii)　スマートリポ（レーザー照射による脂肪融解）

　脂肪を減らしたい部位に麻酔を施した上，脂肪層内に，直径1mm程度のレーザーカニューレを差し込み，その先端から照射されるレーザーで脂肪を溶解する施術である。美容医療機関のウェブサイト等によると，溶解された脂肪は体外に排出されるという。

③　裁判例

執刀医の麻酔管理上の注意義務違反を認めた裁判例【39】

東京地判平25・3・14（判タ1415号379頁）

ア　事案の概要

　原告1（患者）が，被告1の開設する美容外科クリニックにおいて，執刀医である被告2による脂肪吸引手術の際にフェンタニル及びプロポフォールの追加投与を受けたところ，心肺停止状態となり，蘇生後脳症となったことにつき，原告らが被告らに対し麻酔管理義務違反等を主張し，損害賠償請求をした事案。

　また，被告2が共済者である被告3に対して有する共済金支払請求権につき，原告らが被告3に対し債権者代位請求をした事案。

140

第8 脂肪に関する施術

イ 結 論

・原告1から被告1及び被告2に対する請求につき，認容額1億3,362万2,846円（後遺症慰謝料2,800万円，後遺症逸失利益4,704万5,156円，将来介護費用4,657万7,690円，弁護士費用1,200万円）

・原告2及び原告3（患者の両親）から被告1及び被告2に対する請求につき，認容額各330万円（慰謝料各300万円，弁護士費用各30万円）

・原告4（患者の兄）から被告1及び被告2に対する請求につき，認容額110万円（慰謝料100万円，弁護士費用10万円）

・原告1から被告3（共済者）に対する請求につき，認容額9,750万円

・原告2及び原告3から被告3に対する請求につき，認容額各100万円

・原告4から被告3に対する請求につき，認容額50万円

ウ 主な争点

① 原告1の心停止の機序

② 本件手術における麻酔管理義務違反

③ 被告3の共済金支払義務の有無

エ 判 旨

(i) **原告1の心停止の機序**

「本件心停止は，午後0時20分に追加投与されたフェンタニル及びプロポフォールの呼吸抑制作用によって原告1に呼吸停止が生じ，低酸素状態が継続したために生じたものと認められる」とした。

(ii) **本件手術における麻酔管理義務違反**

「本件手術中に原告1についてSpO$_2$の低下を認めた被告2は，低酸素血症の持続や増悪によって原告1が重篤な低酸素症等に陥ることのないように配慮して手術を進めるべきであり，特に呼吸抑制をより増悪させる恐れのあるプロポフォール及びフェンタニルの追加投与に際しては，あらかじめ十分に酸素を投与して酸素化をすることが望ましいというべきであり，少なくとも，原告1の容体を専属で看視する医師（麻酔専門医が望ましい。）又は熟練した看護師の応援を求め，その立会の下，容体の急変の有無に細心の注意を払い，呼吸抑制の兆候が見られれば，直ち

141

第2章　施術別概要と裁判例

に気道確保や酸素投与ができる準備（※）をした上でこれを行うべき義務があったというべきである」，「この（筆者注：午後０時20分頃に投与された）プロポフォールの投与量は，……すでに呼吸抑制及びこれによる低酸素血症にあることを疑うべき原告１に対して投与する量として過量であったと思われる上に，この点を措くとしても，上記各投与（筆者注：午後０時20分頃のフェンタニル２ml，プロポフォール10mlの追加投与）をするのであれば，これにより全身麻酔と同様の状況となり，上気道閉塞や呼吸抑制等に至る現実的な危険性があることを踏まえ，これに備えて，上記イの準備（筆者注：上記※の準備）をした上で行うべき義務があったというべきである」として，麻酔薬の追加投与の際の麻酔管理上の義務を判示した。

　そして「上記の準備をしないまま，フェンタニル及びプロポフォールを追加投与した点において，被告２には注意義務違反が認められる」として，被告２の過失を認めた。

(ⅲ)　被告３の共済金支払義務の有無

　共済金の支払拒絶事由を定める約款の内容を制限的に解釈した上，「被告２の被告３に対する本件共済契約に基づく共済金請求権を共済金限度額である１億円の範囲内で代位行使する原告らの請求はいずれも理由がある」として，被告３の原告らに対する共済金支払義務を認めた。

メソセラピーの薬剤等の保管過程や混合過程で滅菌消毒処置を怠った注意義務違反を認めた裁判例【38】

東京地判平24・10・31（判タ1388号270頁）

ア　事案の概要

　原告らが，被告が開設する診療所において，被告によりメソセラピー（脂肪溶解剤の注射）を受けたところ，施術後に非結核性抗酸菌感染症を発症し，後遺障害が残ったことにつき，被告に滅菌消毒処置を怠った過失があると主張し，損害賠償請求をした事案。

142

第8　脂肪に関する施術

イ　結　論
① 原告1：認容額436万8,640円（治療費等計98万3,640円，休業損害62万5,000円，慰謝料210万円，支払合意したうちの未払金26万円，弁護士費用40万円）
② 原告2：認容額286万8,200円（入通院治療費等8万8,452円，本件診療所におけるメソセラピー代金9万2,000円，休業損害63万7,748円，慰謝料180万円，弁護士費用25万円）

ウ　主な争点
① 非結核性抗酸菌感染症の罹患の有無・感染経路
② 非結核性抗酸菌に感染させた注意義務違反の有無

エ　判　旨
(i)　非結核性抗酸菌感染症の罹患の有無・感染経路
　「原告らのメソセラピー施術後の症状は，本件診療所でのメソセラピー施術の際に非結核性抗酸菌が感染したことにより生じたものと認定できる」，「そして，原告らには，前記のとおり，多数の感染病巣が生じていることから，相当数の菌による感染を起こしたものであり，そのような数の菌が存在するとすれば，注射液または注射器，バイアルの蓋に菌が混入もしくは付着していた可能性が高い（証人の医師）ことからすると，これらが感染の原因であると考えられる」として，原告らがメソセラピー施術の際に非結核性抗酸菌に感染したものと認定した。

(ii)　非結核性抗酸菌に感染させた注意義務違反の有無
　メソセラピー注射液について全て使い捨ての薬剤が使用されていたのではないこと，注射液の混合の過程において菌の混入が生じ得るものであること，複数の患者につき近接した時期に反復して類似の感染が発症していること，通常の滅菌消毒処置を行っていれば大量の感染を起こすとは考えにくいことを理由として，「原告らが，メソセラピーにより，非結核性抗酸菌への感染を生じたのは，被告において，薬剤のバイアル及び生理食塩水の保管過程や，注射液の混合の過程において，十分な滅菌消毒処置を怠ったためであると推認することができ，この点に被告の注意義務違反が認められる」とし，被告の過失を認めた。

第2章　施術別概要と裁判例

重大な合併症の可能性についての説明義務違反を認めた裁判例【40】

東京地判平24・9・20（判タ1391号269頁）

ア　事案の概要

　脂肪吸引手術を受けた患者が心肺停止状態になり，身体障害者等級1級の後遺障害が残ったことにつき，被告（医師）に手技上の注意義務違反及び術前の説明義務違反があったと主張し，損害賠償請求をした事案。

イ　結　論

　認容額220万円（慰謝料200万円，弁護士費用20万円）

ウ　主な争点

① 　手術手技上の注意義務違反の有無

② 　説明義務違反の有無

③ 　心肺停止の原因及び手術との因果関係

④ 　説明義務違反と手術実施との因果関係の有無，損害

エ　判　旨

(i)　手術手技上の注意義務違反の有無

　「本件手術中にカニューラ操作により本件術式において通常予定されている程度を超える血管損傷が生じたものとは認められない」として，否定した。

(ii)　説明義務違反の有無

　「脂肪吸引手術に起因する死亡ないしは重度後遺障害事例は，他の手術に比して決して発症の確率が低いものとはいえず，脂肪塞栓，腹膜穿孔，リドカイン中毒等脂肪吸引特有のものと考えられる合併症もあること，これらは，合併症として一旦生じた場合には，重大な結果が生じる可能性があることからすると，脂肪吸引手術に起因する死亡ないしは重度後遺障害事例があることは，脂肪吸引手術を受けようとする患者の自己決定において重要な情報であり，被告には，これを説明すべき義務があるというべき」として，脂肪吸引手術が死亡や重度後遺障害に至る重

144

第8　脂肪に関する施術

大な合併症を生じさせる可能性があることについての説明義務を判示した。

　その上で，「被告が，本件手術によって，死亡や重度後遺障害に至る重大な合併症を生じさせる可能性があることを術前に説明しなかった点において説明義務違反が認められる」として，被告の説明義務違反を認めた。

(iii)　心肺停止の原因及び手術との因果関係

　「原告に生じた循環障害及び本件心肺停止の原因は，本件手術により生じた脂肪塞栓と考えるのが合理的というべきである」として，手術と心肺停止との因果関係を認めた。

(iv)　説明義務違反と手術実施との因果関係の有無，損害

　説明義務違反と手術実施との因果関係については，「手術の危険性について説明を行うとしても，『極めて稀に，死亡ないしは重度後遺障害が生じる場合がある』というような説明」となり，「このような手術の危険性について情報を提供した上であれば，被告が行っていたように，本件術式が従来の術式と比較して，身体的負担が少ない術式であるとの説明を行うことも許容される」こと，「このような説明を受けた場合，脂肪吸引手術を受けることを希望して来院した患者にとって，上記した本件手術の危険性の認識が，手術を受けることについて重大な障害になると一般的に認めることはできない」こと，「特に，原告は，……本件手術以前に他院で2度に渡り脂肪吸引手術を受けたことがあり，……これらの手術で不十分と感じる部位の修正を希望して本件医院を訪れていることからすると，原告が，本件手術の危険性について上記のような適切な説明を受けたとしても，それが，本件手術を受ける上での障害となったとは思われない」ことを理由として，「本件手術前に被告が，本件手術に付随する危険性について原告に対し説明を行ったとしても，原告が本件手術を受けなかった高度の蓋然性は認められない」として，否定した。

　損害については，「原告が本件手術を受けるにあたって，本件手術の

145

第2章　施術別概要と裁判例

危険性について十分な説明がされなかったことに係る手術選択における
自己決定権」が侵害されたとして，慰謝料200万円を認めた。

合併症等の危険等についての説明義務違反を認めた裁判例【41】

東京地判平16・2・20（ウエストロー・ジャパン）

ア　事案の概要

　原告が，大腿部等の脂肪吸引及び脂肪注入の手術を受けたところ，大腿
部に凹凸，膨隆及び瘢痕等が生じたと主張し，損害賠償請求をした事案。

イ　結論

　認容額203万400円（治療費（施術代）173万400円，慰謝料30万円）

ウ　主な争点

① 　手術における手技，術後管理等に関する注意義務違反の有無

② 　説明義務違反の有無

③ 　説明義務違反と結果との間の因果関係の有無

④ 　損害

エ　判旨

(i) 手術における手技，術後管理等に関する注意義務違反の有無

　脂肪注入行為及びカニューラ操作における注意義務違反，術後管理に
おける注意義務違反，本件手術を行ったこと自体の注意義務違反，合意
に反し脂肪を過度に大量に注入した注意義務違反，感染防止にかかる注
意義務違反につき，いずれも否定した。

(ii) 説明義務違反の有無

　「被告は，原告に対し，……（筆者注：脂肪注入手術における）感染症の
発症や皮膚面の膨隆といった危険性については十分な説明をしなかった
ことが認められる」，「被告は，本件手術前に，原告に対し，患者の意思
決定に必要かつ十分な判断材料となる脂肪吸引，注入手術におけるあり
得べき合併症や後遺症の危険等について十分な説明をしたとは認められ
ず，したがって，被告には，原告が本件手術を受けるか否かを決定する

146

について必要な判断材料を与えなかったという説明義務違反があったというべきである。」として，被告の説明義務違反を認めた。

(iii) 説明義務違反と結果との間の因果関係の有無

被告の説明義務違反と左大腿部内側部の膨隆との因果関係につき，膨隆の発生と本件手術との間に因果関係が認められることを前提として，「もしも被告が原告に対して本件手術におけるあり得べき合併症や後遺症の危険性について説明していたならば，……原告が本件手術を受けることを思いとどまった高度の蓋然性があったと考えられる。そうすると，被告の説明義務違反と原告の左大腿部内側に膨隆が生じたこととの間には，相当因果関係があるというべきである」と判示して，認めた。

(iv) 損　害

治療費（施術代）として173万400円を認めた他，慰謝料につき，本件手術により「左大腿部内側に膨隆という後遺障害が残った」ことを前提として，「上記膨隆が存するのは女子の左大腿部の内側という日常生活において他人に露出することの少ない部分であるものの，その膨隆は相当大きなものであること，原告が既婚の女性であることなどの事情を総合考慮すると，原告の被った精神的損害に対する慰謝料は，30万円が相当であると認められる」と判示した。

手術を受ける意思につき慎重に確認しなかった点につき説明義務違反を認めた裁判例【23】

東京地判平16・1・28（LLI/DB判例秘書登載）

ア　事案の概要

顔の脂肪吸引を含む顔の複合美容整形手術を受けた原告が，本件手術を受けると，手術後の腫れ等のために，数日後に予定されていた集団演技に出演できなくなることの説明を受けなかったため本件手術を受け，その結果，その集団演技に出演できなかったとして，説明義務違反に基づく損害賠償請求をした事案。

147

第2章　施術別概要と裁判例

イ　結　論

認容額90万円（慰謝料80万円，弁護士費用10万円）

ウ　主な争点

① 説明義務違反の有無

② 損害

エ　判　旨

(i)　説明義務違反の有無

まず「被告は，原告に対し，このように，本件手術後に生じると考えられる症状について説明をしたうえで，手術を受けるのであれば会合の後にしてはどうかという助言をしている」と認定した。

しかし，美容整形手術が緊急性や必要性が低い類型の手術であること，被告クリニックが女性週刊誌に広告を掲載して，手術の安全性や手軽さ，安心感を強調した宣伝をしていることを根拠として，「被告としては，訪れた患者に対し，手術の欠点や危険性についても十分に説明して，宣伝に伴う誤解や過度の期待があれば，それを解消させる必要がある。そして，患者が手術を受けようとする目的が達成できないおそれがある場合には，そのことを明確に告知して，それでもなお患者が手術を受ける意思を有するかどうかを慎重に確認すべき義務がある」として，より高度の注意義務を判示した。

その上で，「被告には，この時期に本件手術を受けると腫れや皮下出血などが生じて会合に参加できなくなるおそれがあることを明確に告知して，原告が手術を受ける意思を有するかどうかを慎重に確認すべき義務を怠ったという説明義務違反の債務不履行が認められる」と判示して，被告の説明義務違反を認めた。

(ii)　損　害

慰謝料につき，「本件手術を施行したことにより，原告の上まぶたや顎の下に腫れや皮下出血が生じ，その外貌の変化が影響し，原告は和太鼓の集団演技のリハーサルに参加せず，念願であった本番にも出演することができなかった」，「もっとも，皮膚の下に金属製の管を挿入して脂

148

第8　脂肪に関する施術

肪を吸引するような手術を受ければ，皮下出血が生じてその跡が少なくとも数日間は残るということは，いわば常識の部類に属する事柄というべきである」といった事情を挙げて，80万円を認めた。

術後，適切な処置を執らなかったことにつき注意義務違反を認めた裁判例【42】

東京地判平14・2・28（裁判所ウェブサイト）

ア　事案の概要

　大腿部の脂肪吸引手術の合併症として発生した肺動脈血栓塞栓症により死亡した女性の相続人たる原告らが，執刀医たる被告に対し，術前の問診及び検査，手術時における手技，手術当日の術後管理，術後の指示及び対応のそれぞれにつき注意義務違反があると主張し，損害賠償請求をした事案。

イ　結　論

　認容額計550万円（慰謝料500万円，弁護士費用50万円）

ウ　主な争点

　①　術前の問診及び検査，手術時における手技，手術当日の術後管理のそれぞれにかかる不法行為の成否

　②　術後の指示及び対応にかかる不法行為（注意義務違反，因果関係，損害）の成否

エ　判　旨

（i）　術前の問診及び検査，手術における手技，手術当日の術後管理のそれぞれにかかる不法行為の成否

　いずれについても否定した。

（ii）　術後の指示及び対応にかかる不法行為の成否

　まず，被告の注意義務については，「自己が約3週間前に脂肪吸引手術を行った患者が来院したときには，同手術の合併症に関する前判示のとおりの知見（筆者注：血栓塞栓症や肺塞栓症が生じることがあること）に照らせば，医師としては，患者に対して合併症の発生の有無を確認するため

149

第2章　施術別概要と裁判例

に診察をし，これに対する処置を行うか，又は，患者の症状等からみて
自ら治療を行うことが難しいと判断される場合には患者をより高度の医
療技術を有する機関に転送する措置を執るべき注意義務があるというべ
きである」として，術後，患者が来院した場合の，診察義務ないし他院
への転送義務を判示した。

　その上で「被告は，患者が来院し，その旨伝えられたにもかかわらず，
同人に対し何らの診療をも行わなかったのであるから，前記注意義務を
怠ったものといわざるを得ない」として，被告の過失を認めた。

　上記注意義務違反と結果発生（死亡）との間の因果関係及び損害につ
いては，「本件手術と患者の死亡との間に因果関係が存すると認めるこ
とができる」と認定したものの，上記説明義務違反と死亡との間の因果
関係は否定した。しかし，「被告がこの時点（筆者注：施術後約3週間後に
来院した時点）で患者の診察を行い，薬剤投与又はより高度の医療機関へ
の転送などの措置を講じ，これにより前判示のような血栓発生に対する
適切な処置が執られていれば，同人を救命し得た可能性が相当程度あっ
たと認めることができる」と認定し，「患者の診察を行わなかったこと
により患者の救命のための適切な医療を受ける機会を奪った」ことによ
る精神的苦痛に対する慰謝料として500万円を認めた。

臀部に凹凸・非対称が生じたことにつき，必要以上の脂肪を吸引した過失を認めた裁判例【43】

東京地判平8・2・7（判時1581号77頁）

ア　事案の概要

　原告が臀部の脂肪吸引を受けたところ，医師が必要以上の多量の脂肪吸
引をしたことにより臀部に外観上の凹凸・非対称が生じたとして，損害賠
償請求をした事案。

イ　結論

　認容額101万1,970円（治療費（施術代）39万5,500円，通院交通費10万8,870円，
宿泊費7,600円，慰謝料40万円，弁護士費用10万円）

150

第8　脂肪に関する施術

ウ　主な争点

手術手技上（必要以上に多量の脂肪吸引をしないこと）の注意義務違反の有無

エ　判　旨

「原告の臀部に右凹凸等が生じたのは，前記認定に照らせば，本件第2回手術の目的が，原告の左臀部の脂肪の取り残しを吸引することにあり，かつ，脂肪の吸引量が増加すればするほど不正面の発生する可能性が高いのであるから，被告やその雇用する医師は，必要以上の多量の脂肪吸引をして右凹凸等が生じないように注意すべき義務があるのにこれに反して，本件第1回手術より多量の約1,500ccの脂肪を吸引した結果というべきである」として，医師の手技上の過失を認めた。

なお，本件では，原告が，居住する沖縄県から東京都所在の被告医院まで飛行機で通院していたため，高額な通院交通費や東京都内での宿泊費が発生していたところ，これらについても上記過失と因果関係が認められる範囲で損害として認められた。

④　裁判例の考察

脂肪吸引の事例につき，裁判例【39】麻酔管理上の注意義務違反，同【23】，【40】，【41】は説明義務違反，【42】術後の診察義務ないし他院への転送義務違反，【43】は手技上の注意義務違反をそれぞれ認めた。

脂肪溶解の事例につき，裁判例【38】は，メソセラピー注射の薬剤についての滅菌消毒処置を怠った注意義務違反を認めた。

裁判例【39】は，心停止により重度後遺障害が残った事例であり，原告にSpO2の低下が見られる状況下で，呼吸抑制をさらに増悪させるおそれのある麻酔薬の追加投与に際し，呼吸抑制の兆候が見られれば直ちに気道確保や酸素投与ができる準備をすべき注意義務の違反を認めた。もっとも，「自動血圧計の測定間隔が30分毎となっており，この経過中及びプロポフォール投与前後に，全く血圧測定が為されていないようであり，この点でも麻酔管理

151

第2章　施術別概要と裁判例

の不十分さがみられる」との指摘もある。[49]

　また，本裁判例は，執刀医が共済会に対して有する共済金請求権の代位行使を認めた点においても特徴的である。なお，美容医療麻酔賠償責任共済の支払限度額は1億円である。美容医療機関の賠償責任共済の概要については，第1章第5の4を参照されたい。

　裁判例【38】は，メソセラピー注射の薬剤等の保管過程や混合過程での滅菌消毒処置を怠った注意義務違反を認めた裁判例である。注意義務違反の認定に当たっては，原告が二人おり，「複数の患者について，近接した時期に反復して類似の感染が発症していること」が重要な論拠となったものと解される。

　裁判例【40】は，心肺停止による重度後遺障害が残った事例につき，「脂肪吸引手術に起因する死亡ないしは重度後遺障害事例があること」についての説明義務違反を認めた。そして，説明義務の内容について，日本において，脂肪吸引に起因する死亡ないし重度後遺障害の発生率が統計的な調査から明らかにされていない現状では，「手術の危険性」について説明するにしても「極めて稀に，死亡ないしは重度後遺障害が生じる場合がある」というような説明になると判示した点，参考になる。

　また，説明義務違反と本件手術実施との間の因果関係は認めなかったものの，「手術選択における自己決定権」の侵害を認めた。

　裁判例【41】は，大腿部の膨隆等が生じた事例につき，「感染症の発症や皮膚面の膨隆といった」「合併症や後遺症の危険等」についての説明義務違反を認めた。

　裁判例【23】は，被告クリニックが女性週刊誌に広告を掲載して，手術の安全性や手軽さ，安心感を強調した宣伝をしていることを踏まえ，「手術の欠点や危険性」についての通常の説明義務に加え，「宣伝に伴う誤解や過度の期待」の解消義務，「患者が手術を受けようとする目的が達成できないおそれがある場合」の告知義務，それらの義務を踏まえた意思確認義務まで課

49）年報医事法学31号128頁の勝又純俊医師の論考

152

第8 脂肪に関する施術

した。なお，広告宣伝より患者を誘引しているクリニックの説明義務については，第1章第2の5(1)エ(ウ)を参照されたい。

裁判例【42】は，肺動脈血栓塞栓症による死亡事例であるが，脂肪吸引により血栓塞栓症，肺塞栓症等の合併症が生じ得ることを踏まえ，施術後約3週間後に患者が施術した医師の下に来院した場合の，医師の診察義務違反ないし他院への転送義務違反を認めた。

また，注意義務違反がなければ「相当程度救命し得た可能性」が存したとして，「救命のための適切な医療を受ける機会を奪」われたことについての慰謝料を認めた。

裁判例【43】は，手技にて「必要以上の多量の脂肪吸引をして右凹凸等が生じないように注意すべき義務」に違反したことを認めた。

参考文献

勝又純俊「美容外科で脂肪吸引手術中に心肺停止状態となり蘇生後脳症となった事故につき，医師に損害賠償請求し，医師が加入する共済組合に対して共済金支払請求権を代位行使した事例」年報医事法学31号128頁（日本評論社，2016年）

酒井成身編集『美容外科基本手術—適応と術式—』250～277頁（南江堂，2008年）

波利井清紀監修『TEXT形成外科学　改訂3版』405～409頁（南山堂，2017年）

市田正成ほか編集『美容外科手術プラクティス2』430～469頁（文光堂，2000年）

亀井眞＝久次米秋人「脂肪吸引」PEPARS №99増大73～93頁（全日本病院出版会，2015年）

153

第2章　施術別概要と裁判例

第9 腋臭症に関する施術

はじめに

　「わきが」とは，ワキ（「腋窩」という）が特異な悪臭を放つことをいい，腋臭症と呼ばれる。東京都消費生活総合センターが都内の消費生活センターに寄せられた「美容医療」に関する相談の特徴と傾向を分析した資料（「平成27年度『美容医療』の消費生活相談の概要」東京都消費生活総合センター）によれば，わきが（多汗症含む）手術に関する相談は，毎年5〜10件程度寄せられている。

　また，腋臭症の代表的治療法である剪除法（後述）は，保険適用されるが，消費生活総合センター等に寄せられた相談における平均契約購入金額は，平成23年度60万6,590円，平成24年度65万9,286円，平成25年度37万1,100円，平成26年度50万9,932円，平成27年度上半期143万9,000円と高額である。

施術方法等について

【図11】皮膚の構造と汗腺

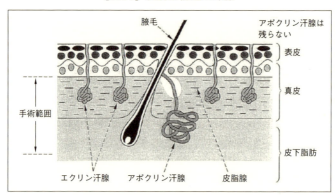

出典：稲葉義方「(1)腋臭症の診断」細川亙＝坂井靖夫編『腋臭症・多汗症治療実践マニュアル』82頁（全日本病院出版会，2012年）

154

第9 腋臭症に関する施術

(1) 腋臭症（わきが）とは
　ワキの下にはアポクリン腺，エクリン腺という汗腺が集まっており，アポクリン汗腺は，真皮中下層〜皮下脂肪に位置する。アポクリン汗腺で分泌された分泌物は，導管をたどり，わき毛（腋毛）の毛包から表皮に開口する。
　腋窩の汗腺であるアポクリン腺からの分泌物が表皮に分泌された際，皮膚常在菌により分解され独特の臭いを発生させる。また，多汗，衣類の黄ばみなどが同時に生じることがある。

(2) 手　技
　ワキガの治療には，非外科的治療（薬や消臭剤等）と外科治療（手術療法）の二つがあるが，根本的な治療には外科治療が必要とされる。主な手術法は，①剪除法（皮弁法），②切除法，③超音波メス法，④吸引法などがある[50]が，各手技は，①皮膚切開し，②ハサミやカニューレでアポクリン腺を除去し，③アポクリン腺を除去した真皮（厚さ約1mm程度）を下床脂肪組織へ生着させる，という点において共通している。主な合併症は，血腫，皮膚壊死，瘢痕等である。

【図12】アポクリン腺剪除

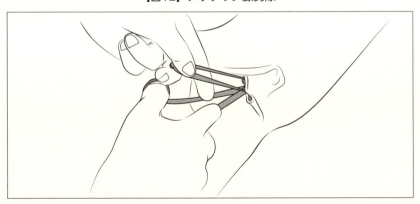

---

[50] 皮下剪除法及び皮膚切除法は，腋臭症の外科的治療の第一選択である。

第2章　施術別概要と裁判例

③　裁判例

合併症についての説明義務違反を認めた裁判例【45】

東京地判平7・7・28（判時1551号100頁）

ア　事案の概要

原告が，被告の開設する美容外科医院で多汗症，腋臭の手術を受けたところ，両腋の下に肥厚性瘢痕を生じた事案。

イ　結論

認容額82万4,370円（治療費・通院交通費12万4,370円，通院慰謝料10万円，慰謝料50万円，弁護士費用10万円）

ウ　主な争点

① 手術方法選択の誤り
② 術後管理についての義務違反
③ 説明義務違反
④ 脱毛手術についての説明義務違反

エ　判旨

裁判所は，美容医療についての説明義務の一般的内容を示した上，「とりわけ，患者が原告のように若い女性の場合，症状の完治ないしは改善を期待して手術を受けること自体は希望しても，いざ手術を受けるかどうかを決断するに当たっては，手術後に傷痕が残存するかどうか，残存するとすればどの程度のものになるかが最大の関心事であることは明らかであるから，この点を十分に説明しなければならない」とした。

そして，被告が女性週刊誌などに「極めて楽観的な記述をして」おり，「その記事を読み，それを信じて被告医院を訪れる患者が多いことも当然知っていたはずである（むしろそのようにして多数の患者を誘引していたものと解される）」であるから，「被告は，原告に対し，宣伝記事には載っていない治療効果の限界や危険性について，患者の誤解や過度の期待を解消するような十分な説明を行うべきである」と説明義務の内容を判示した。

156

その上で，「被告は原告に対し，……一見して目立つような大きな瘢痕が残存する可能性があることは説明しておらず，原告本人尋問の結果によれば，被告がそのような説明を行ったならば原告が本件手術を受けなかったことは明らか」であるとして，説明義務違反及び因果関係を認めた。

合併症についての説明義務違反を認め，自己決定権侵害に対する慰謝料の限度で認容した裁判例【44】

徳島地判平10・7・31（判タ1041号237頁）

ア　事案の概要

過去に別院で腋臭症の手術を受けたことのある女性患者（原告）が，被告の開設する美容外科医院で腋臭症の手術を受けたものの，手術部の皮膚がしわになり瘢痕化した事案。

イ　結　論

認容額25万円（慰謝料20万円，弁護士費用5万円）

ウ　主な争点

① 術中の手技上，術後の処置上の義務違反

② 事前説明義務違反

エ　判　旨

裁判所は，①につき，原告の両脇部の皮膚の瘢痕化の原因について，被告の術中の手技上あるいは術後の処置上の過失を合理的に推認することができないとして注意義務違反を否定した。

②については，被告が，原告に対し，「カルテに図示しながら，手術後，5パーセントくらいの割合で傷痕が残ったりする可能性がある旨を，2回目手術の場合には1回目の場合と比べて傷痕が残りやすくなる旨をそれぞれ説明し」たとして，傷痕残存の有無，その割合については説明義務を尽くしたと認定した。

しかし，残存する傷痕（瘢痕）の具体的状況の説明については，抜糸不要な糸を使用したこと等から，「再来院の必要性を念入りに説明した上，原告において手術を希望するのかどうかを慎重に決定させる配慮が要求さ

第2章　施術別概要と裁判例

れる」にもかかわらず，被告は「原告が本件の手術を受けることを決定するについて必要かつ十分な判断材料を与えなかったという説明義務違反があったといわざるを得ない」と認定した。

　もっとも，「一般に2回目の手術を受けに来る患者については，傷痕が残存する危険性が高まったとしても腋臭を完全に治したいとの強い希望を抱いていることがうかがえることに照らせば，テーピング固定を外した段階で傷痕が残ったとしても再来院し被告の手当てを受ければ容易にその状態を改善し得るなどの説明をも併せて受けることによって原告が手術を望んだ可能性も否定出来ない」として，説明義務違反と原告の損害との間の因果関係を否定し，「必要十分な判断材料の下で本件の腋臭症手術を受けるか否かを決定する利益を奪われた」精神的苦痛に対する慰謝料のみを認定した。

裁判例【44】につき，説明義務違反を否定した控訴審判決【46】

高松高判平11・6・28（判タ1041号232頁）

　裁判例【44】の控訴審判決は，原審同様，手術中の手技又は術後の患部の処理・固定についての注意義務違反は認めなかった。

　事前説明義務違反については，「腋臭症の手術により傷痕が残存する可能性があること（2回目の手術であることから，1回目と比べて傷痕が瘢痕として残りやすいこと），その割合（確率），傷痕が残存した場合の事後的処置の内容及び再来院の必要性について一応の説明を尽くしている」と判旨した。

　そして，残存する傷痕（瘢痕）の具体的状況の説明については，被控訴人（患者）は傷痕が残存するか否か及びその程度について高い関心を有していたとして，「パンフレットにも記載されている『瘢痕』なるものがどのようなものであるか質問をし，これに応じて被控訴人（筆者注：医師）がその供述するような説明をすることは自然であって，被控訴人の供述は，控訴人の供述に対比して信用することができる」と判旨し，被控訴人は控訴人に対して必要な説明義務を尽くしたと認定した。

158

第9　腋臭症に関する施術

④　裁判例の考察

　裁判例【45】は，被告が施術について，女性週刊誌などに「極めて楽観的な記述をして」おり，「その記事を読み，それを信じて被告医院を訪れる患者が多いことも当然知っていたはずである（むしろそのようにして多数の患者を誘引していたものと解される）」と認定しており，美容医療における広告，勧誘の問題点を指摘したところに特徴がある。その上で，被告に「宣伝記事には載っていない治療効果の限界や危険性について，患者の誤解や過度の期待を解消するような十分な説明を行うべきである」として説明義務を加重したと考えられる。

　裁判例【44】と【46】は同じ事例についての原審と控訴審判決である。術後に傷痕が残存する場合の具体的状況の説明の有無・内容につき，原審と控訴審では事実認定が異なった（原審は，医師の供述を裏付ける客観的証拠がないとして採用しなかったのに対し，控訴審は医師の供述の信用性を認めた）ことにより，過失認定が異なる結果となった。また，原審は，説明義務違反は認めたものの，患者がなお手術を望んだ可能性を否定できないとして，説明義務違反と損害との因果関係を否定したところに特徴がある（美容医療の裁判における因果関係の認定については，第1章第2の3参照）。

　なお，美容医療の裁判においては，患者の被害の状況の立証に困難を伴うこともあるが，原審では，裁判手続内で原告の両腋部の状態について「検証」を行った点に特徴がある。

参考文献

日本形成外科学会ほか編集『形成外科診療ガイドライン7』53頁（金原出版，2015年）

市田正成ほか編集『美容外科手術プラクティス2』504～515頁（文光堂，2000年）

細川亙ほか編『腋臭症・多汗症治療実践マニュアル』（全日本病院出版会，2012年）

秦維郎『形成外科アトラス：腋臭症の治療』（克誠堂出版，1998年）

159

第2章　施術別概要と裁判例

第10 胸，乳房に関する施術

1 はじめに

　豊胸術は，美容外科の中では歴史が長い術式であり，注入物やインプラントなど，その術式は，時代と共に開発され，発展を遂げてきた。しかしながら，注入物や挿入物の安全性が問題とされることも多かった。

　最近では，アクアフィリングという物質を注入する豊胸術が出ており，日本の一部のクリニックでも実施されているが，韓国美容外科学会が長期の安全性の十分な証拠が集積され検証されるまで，乳房増大のためのアクアフィリングの使用に明確に反対する声名を出したほか（『Archives of Aesthetic Plastic Surgery』2016年2月号），これを受けた日本美容外科学会（JSAS）も，アクアフィリング等による豊胸術は推奨できない旨の注意喚起を出している（美容外科ニュース2017年3月17日JSASウェブサイト）。

　また，安全性には問題がなくとも期待した効果が得られないなどの理由で，トラブルになるケースも少なくない。

　豊胸術は，乳がん手術後に行う乳房再建手術を除き保険適用がないため，代金が高額になることが多いことも，患者が不満に感じ，トラブルに発展する要因の一つであろう。美容医療の相談内容としては，代表的な施術であり，裁判例の数も多い。

第10 胸，乳房に関する施術

❷ 施術方法等について

【図13】乳房の縦断面図

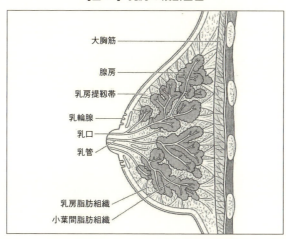

出典：森田峰人「女性性器の構造：乳房」岡井崇＝綾部琢哉 編『標準産科婦人科学第4版』30頁
（医学書院，2011年）

(1) 総　論

　手術法には大きく分けて二つの方法があり，インプラント（人工物）挿入法と脂肪やコラーゲン，ヒアルロン酸などの注入法がある。

(2) インプラント（人工物）挿入法

　ア　インプラントの種類

　　シリコンバッグ，生理食塩水バッグ，コヒーシブ（凝集性）シリコンバッグ，ハイドロジェルバッグなどがある。現在の主流は，コヒーシブシリコンバッグのようである。

　　厚生労働省が認可しているバッグも一部あるものの，認可されていないバッグも混在している。認可されていないバッグについては，それを使用する医師個人の責任のもとで使用されるのであり，国が安全性を保証しているわけではないことに注意が必要である。

第2章　施術別概要と裁判例

イ　インプラント表面の形状

表面が平滑なスムースタイプと，表面に微細な凹凸があるテクスチャードタイプがある。

ウ　インプラント挿入のアプローチ

切開のアプローチとしては，腋窩部（脇の下）を切開する方法（切開位置を誤った過失を認めた裁判例として【47】）や，乳房下縁溝（乳房の下縁）に沿って切開する方法などがある。

エ　インプラントの挿入位置

大胸筋下に挿入する方法と乳腺下（乳腺組織の下で大胸筋筋膜の上）に挿入する方法がある。

オ　合併症

㋐　被膜拘縮（カプセル拘縮）

インプラントの周囲に形成される被膜により，インプラントが締めつけられることをいう。一般的にスムースタイプのものは，被膜拘縮を防止するために，術後早期にマッサージを開始しなければならないとされる。マッサージ指導が不十分であった場合，指導義務違反が争われることもある（裁判例【49】，【50】。ただし，いずれも義務違反は認定されず）。

一度被膜拘縮が起こると，手術により，被膜を切開して十分に広げるか，被膜を除去する必要がある（被膜除去等の注意義務を尽くさなかったことを認めた裁判例として，【51】）。

㋑　乳房の位置異常

剝離範囲が狭かったり，左右非対称であった場合に起こる。一般的には，乳房下縁より上にインプラントが移動してしまうケースが多く，これは下方の剝離が足りないため起こると考えられている（剝離範囲の確保義務違反を認めた裁判例として，【49】）。

㋒　感　染

長期間体内にインプラントが入っていると，被膜部分に何らかの原因で細菌感染が生じる場合がある（再挿入の際の感染予防のための措置義務違反が認められた裁判例として，【48】）。

162

第10　胸，乳房に関する施術

㈔　人工乳房の破損，漏れ

　インプラントが不良品の場合や術中の何らかの操作ミスによって起こる場合もあれば，術後長期間経過した後に，外圧やバッグの劣化により起こる場合もある（破損が生じたことから再手術をする際には，破損の原因を調査・説明する義務があることを認めた裁判例として，【54】）。

(3)　脂肪注入法

　腹部などの余っている脂肪を吸引して乳房に注入する方法である。移植脂肪は，血管が周囲組織から新生して正着する。一塊として脂肪注入すると，血管新生が間に合わず，脂肪は融解してしまう。そのため，移植した脂肪が融解して膿瘍を作ったり，吸収されて元の状態に戻る場合もある。

　期待した豊胸効果が得られなかったことが患者の不満につながり，説明義務違反として主張されるケースが多く見られる（裁判例【53】，【55】，【56】，【57】）。

❸　裁判例

手技ミスを認めた裁判例【58】

東京地判平25・7・19（ウエストロー・ジャパン）

ア　事案の概要

　被告クリニックにおいてシリコンバッグを挿入する豊胸手術を受けていた原告が，その後，被告クリニックにおいて，シリコンバッグを全部抜去した上で大腿部等から吸引した脂肪を乳房内に注入する豊胸手術を（以下，「本件手術」という。）受けたところ，両乳房にシリコンバッグが多量に残置されたまま脂肪が注入されたことから，「両乳房異物による感染」が生じた事案。

イ　結　論

　認容額201万7,231円（手術費用47万3,955円，治療費等24万3,276円，慰謝料130万円）

163

第2章　施術別概要と裁判例

ウ　主な争点

① 　注意義務違反（シリコンバッグを全部抜去すること）

② 　手術に付随する危険性に関する説明義務違反

③ 　損害の範囲（手術費用）

エ　判　旨

「シリコンバッグを全部抜去することは本件診療契約の要素というべきであり，……被告は，本件シリコンバッグを全部抜去することを約したというべきである」とした上で，被告が，「本件手術を実施する際，シリコンを両乳房内に多量に残置させ，これを除去することも，シリコンの残置につき説明することもせずに脂肪を注入した」行為は，本件診療契約上の債務不履行を構成すると判示した（争点①を肯定）。

また，被告は，「原告に本件ビデオを視聴させるなどして，脂肪注入による豊胸手術の場合に感染が生ずる可能性があることを一応説明している」ものの，これは，術前に，「本件手術に付随して感染症を発症する危険性について具体的に説明するものではない」し，「シリコンバッグを全部抜去し得ない場合があることについて何らの説明もしていない」ことから，説明義務違反もあると判示した（争点②を肯定）。

本件手術費用については，本旨に従った債務の履行がなされたとはいい難いことや，仮に，十分な説明がなされていれば本件手術を受けなかった可能性が高いことなどから，注意義務違反及び説明義務違反との因果関係が認められた（争点③を肯定）。

第10 胸，乳房に関する施術

手技ミスを認めた裁判例【49】

東京地判平19・1・29（裁判所ウェブサイト）

ア 事案の概要

過去，他院で乳腺下にバッグを挿入する豊胸手術を受けていた原告が，被告医院において，従来のバッグを取り出した上で大胸筋下にバッグを挿入する豊胸手術を受けたところ，左乳房について，ふくらみの中心が乳輪よりも完全に上方にあり，バッグの下縁は乳頭部付近にあって，それより下方の部分がしぼんでしわのような段差ができるといった，著しく不自然な形状となったほか，左右の乳房の対称性がないという点においても不自然な状態となった事案。

イ 結 論

認容額160万円（手術費用90万円，慰謝料50万円，弁護士費用20万円）

ウ 主な争点

① バッグの下縁が乳頭部付近にある等という結果が生じた原因は何か

② 注意義務違反（バッグ挿入のための剥離範囲）

③ 損害の範囲

エ 判 旨

原告の左乳房について，バッグの下縁が乳頭部付近にあるという不自然な形状になったのは，「左乳房にバッグを挿入する際に大胸筋下の下方の剥離の範囲が狭かったことによって生じたもの」であると認定した上で（争点①），「左乳房にバッグを挿入するに際し，少なくとも右乳房と同程度の剥離範囲を確保すべき義務があった」として，被告の注意義務違反があったことを認めた（争点②を肯定）。

もっとも，注意義務違反行為と疼痛による休業損害との間の因果関係は認めなかった（争点③につき，一部否定）。

165

第2章　施術別概要と裁判例

手技ミスを認めた裁判例【47】

東京地判平15・7・30（判タ1153号224頁）

ア　事案の概要

　脇下を切開して両胸にシリコンバッグを挿入する豊胸手術（以下，「本件手術」という。）を受けたところ，右側の切開痕は腕を下ろすと腕の下にほぼ隠れるのに対し，左側については，数センチメートル程度脇の下から乳房寄りの場所が切開されたため，腕を下ろしても傷痕の大部分が隠れず，傷痕が外部から視認できる目立ちやすい場所にでき，袖のない服を着た場合には傷痕の存在が外から見えるという状態になった事案。

イ　結論

　認容額297万4,110円（手術費用107万1,000円，瘢痕の修正手術費用10万3,110円，慰謝料150万円，弁護士費用30万円）

ウ　主な争点

　注意義務違反（切開位置を誤り，目立ちやすい傷痕を残したこと）

エ　判旨

　「豊胸手術の場合，患者は，自らの胸を豊かにしたいと望むと同時に，豊胸手術により自らの胸を豊かにしたという事実が他人に知られないようにしたいという願いも持って手術を受けることが多く，豊胸手術を実施する医師も，この2つの願望を同時に叶えることを売り物として宣伝するのが一般であ」るとした上で，「本件傷痕がある左側については，数センチメートル程度脇の下から乳房寄りの場所が切開されたため，腕を下ろしても本件傷痕はその大部分が隠れずに外見から視認できる目立ちやすい位置にあり，袖のない服を着た場合には傷痕の存在が外から見えるという状態であるから，被告は，本件手術に当たって，左側の切開位置を誤り，外から目立ちやすい位置に手術の傷痕を残したものと認められ，それ自体，不法行為上の注意義務違反及び診療契約上の債務不履行を構成する」と判示した。

166

第10　胸，乳房に関する施術

説明義務違反を認めた裁判例【53】

東京地判平25・2・7（判タ1392号210頁）

ア　事案の概要

　過去に他院でインプラントを挿入する豊胸手術を受けていた原告が，被告クリニックにおいてインプラントの抜去手術及び大腿部の脂肪を吸引し，吸引した脂肪を乳房に注入する手術（以下，「本件手術」という。）を受けたが，乳房はインプラント抜去前よりも明らかに小さくなったほか，注入した脂肪が壊死し，囊胞化した事案。

イ　結　論

　認容額295万8,565円（手術費用239万370円，医療費等1万8,195円，慰謝料30万円，弁護士費用25万円）

ウ　主な争点

　　①　豊胸効果が不十分であること自体の債務不履行責任

　　②　脂肪注入量及び吸引部位に関する手技上の注意義務違反

　　③　説明義務違反

エ　判　旨

　事前電話説明で，インプラント抜去前とほぼ同様の豊胸効果が得られることが確実であるかのような説明を行っているものの，その説明内容が「ただちに診療契約において被告の債務内容になっていると解することはでき」ないとして，十分な豊胸効果が得られなかったこと自体の債務不履行責任は否定した（争点①の否定）。

　また，脂肪注入量や吸引部位が不適切であったことは認められないとして，手技上の注意義務違反も否定した（争点②の否定）。

　他方で，裁判所は，「美容目的での豊胸手術を受けようとする患者にとって，実施予定の手術によって期待される効果及びその確実性の程度は，当該手術を受けるか否かの意思決定をする際に，重要な情報というべきである」から，事前電話説明の内容は，「本件手術によって，ほぼ確実な豊胸効果を得られるかのような誤った認識を原告に与える不適切なものであ

167

る」として，説明義務違反を認めた（争点③の肯定）。そして，本件では，手術当日に，原告が希望するような十分な豊胸効果が期待できないことなどに関する説明がなされていたものの，被告クリニックでは，「手術予定日当日のキャンセルの場合は，キャンセル料が100％生じるというシステム」を採用していたことからすれば，「患者が，手術を受けるか否かという意思決定を適切に行うためには，キャンセル料が発生するよりも相当期間前に，必要とされる術前説明が尽くされていなければならない」から，「説明義務の履行としては，不十分なもの」であるとした。

裁判例の考察

　裁判例【47】，【49】，【58】では，手術の目的が達成されなかった等として，いずれも手技ミスと手術費用損害との間の因果関係が認められている。

　裁判例【53】では，手術当日の説明では足りず，キャンセル料が発生するよりも相当期間前に説明が尽くされていなければならないとして，患者の自由な意思決定を尊重した判断がなされている点が注目される。

参考文献
市田正成ほか編集『美容外科手術プラクティス2』350～377頁（文光堂，2000年）
酒井成身編集『美容外科基本手術―適応と術式―』156～179頁（南江堂，2008年）
岡井崇ほか編『標準産科婦人科学第4版』30頁（医学書院，2011年）
美容・エステティック被害研究会編『Q＆A　美容・エステ110番』177～184頁（民事研究会，2006年）

第11 陰茎に関する施術

1 はじめに

　包茎手術については，平成28年6月23日国民生活センターが「美容医療サービスにみる包茎手術の問題点」を発表して消費者に注意を呼び掛けるなど問題提起がされているところである。特に男性の美容医療の相談の半数以上が包茎手術及びこれに付随して受ける男性器に関連する施術に関するものであると報告されている。

　さらに高額な自由診療や，即日施術を強く迫られたケースのほか，不要と思われる手術を受けたケースや，保険診療だと思って受けたケースが報告されている。

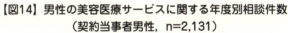

【図14】男性の美容医療サービスに関する年度別相談件数
（契約当事者男性，n=2,131）

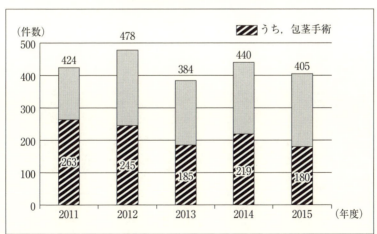

出典：国民生活センター「美容医療サービスにみる包茎手術の問題点」（平成28年6月23日公表）
　　　3頁 図3　http://www.kokusen.go.jp/pdf/n-20160623_2.pdf

第2章　施術別概要と裁判例

❷　施術方法等について

(1)　包茎の種類

　包茎とは，陰茎の亀頭が包皮で覆われた状態をさし，真性包茎（嵌頓包茎も含まれる。）と仮性包茎に分類される。

　真性包茎については亀頭が出ない，嵌頓包茎については陰茎の狭窄により血行が阻害されるなどの症状がある。そのため，真性包茎の場合，保険医を受診すれば下記(2)記載の手術方法について保険適用される。

　これに対し，仮性包茎は多くの場合，機能的に問題がないとされている。

【図15】真正包茎の種類

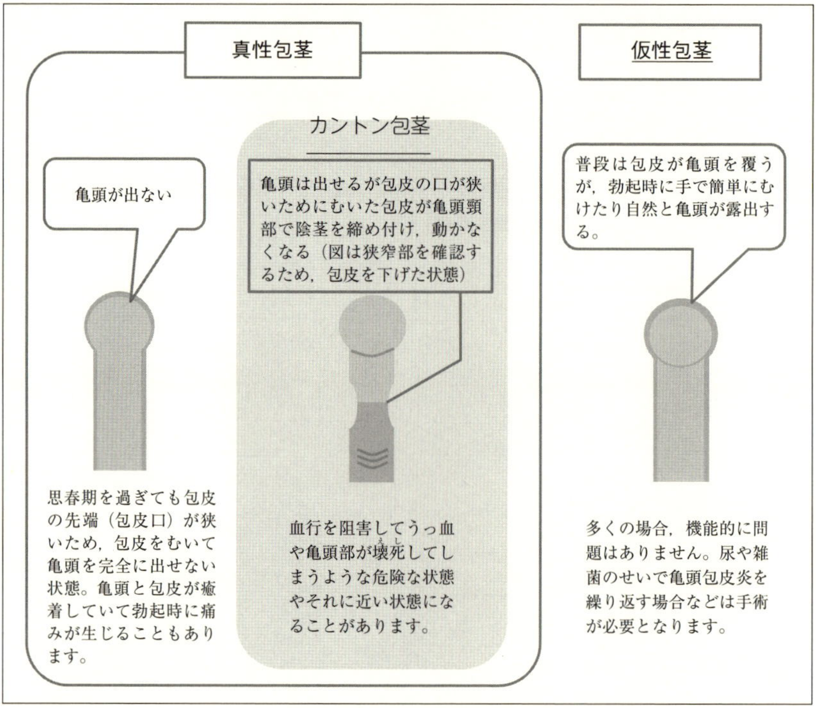

```
真性包茎                                      仮性包茎

                    カントン包茎

亀頭が出ない    亀頭は出せるが包皮の口が狭     普段は包皮が亀頭を覆う
               いためにむいた包皮が亀頭頸     が，勃起時に手で簡単にむ
               部で陰茎を締め付け，動かな     けたり自然と亀頭が露出す
               くなる（図は狭窄部を確認す     る。
               るため，包皮を下げた状態）

思春期を過ぎても包皮                          多くの場合，機能的に問
の先端（包皮口）が狭   血行を阻害してうっ血     題はありません。尿や雑
いため，包皮をむいて   や亀頭部が壊死してし     菌のせいで亀頭包皮炎を
亀頭を完全に出せない   まうような危険な状態     繰り返す場合などは手術
状態。亀頭と包皮が癒   やそれに近い状態にな     が必要となります。
着していて勃起時に痛   ることがあります。
みが生じることもあり
ます。
```

出典：国民生活センター「美容医療サービスにみる包茎手術の問題点」（平成28年6月23日公表）
　　　2頁　図2（一部改変）　http://www.kokusen.go.jp/pdf/n-20160623_2.pdf

170

第11 陰茎に関する施術

(2) 包茎手術

　主な包茎手術の方法として，背面切開術（保険点数740点）と環状切開術（保険点数2,040点）がある。

　具体的な施術方法は以下のとおりである。

【図16】真性包茎手術の種類

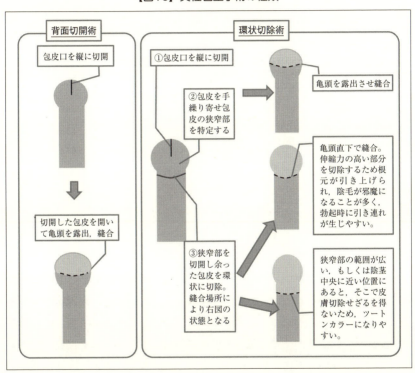

出典：国民生活センター「美容医療サービスにみる包茎手術の問題点」（平成28年6月23日公表）17頁　図　http://www.kokusen.go.jp/pdf/n-20160623_2.pdf

裁判例（損害賠償責任）

手技ミスを認めた裁判例【65】
名古屋高裁金沢支判昭53・1・30（判タ362号320頁）

ア 事案の概要

Yは，包茎手術直前の視診の際，鎮静剤等の注射後の弛緩時の状況を観察したのみで，これを勃起せしめた状態における陰茎の形状，包皮の様子を確認しあるいは詳しく問診せず手術を実施したところ，手術後2年ほど疼痛が残った事案。

イ 結論

認容額62万円（慰謝料50万円，弁護士費用12万円）

ウ 主な争点

生理的機能に障害を残さぬよう包皮を過剰切除せずに手術を施行すべき注意義務の有無

エ 判旨

判旨の中で「そもそも不完全包茎[51]の場合生理的には何ら支障がなく，手術は主として外観的，心理的見地から必要性が認められるもので，緊急を要するものではない。従って，手術の依頼を受けた医師としては，手術施行前に直接勃起時の包皮の状態を視診し，あるいはそれが困難だとすれば詳細に問診する等して手術の必要性，手術を施行する場合の包皮切除の程度を判断し，万が一にも包皮を過度に切除し患者に生理的機能的障害を残すことのないように手術を施行すべき義務を負う」とし，医師が包皮を切除しすぎた過失があると判示した。

---

51) ここでいう「不完全包茎」とは仮性包茎のことを指すと思われる。

第11　陰茎に関する施術

説明義務違反を認めた裁判例【62】
東京地判平15・4・22（判タ1155号257頁）

ア　事案の概要

Yの経営する美容外科医院で陰茎の美容形成手術（陰茎を長くする長茎術，亀頭と陰茎に脂肪を注入して亀頭を大きく陰茎を太くする増大術）を受けた男性患者Aが手術後陰茎に著しい瘢痕が残り，勃起不全になったと悩んで強度のうつ状態に陥り自殺した事案。

イ　結　論

認容額880万円（慰謝料800万円，弁護士費用80万円）

ウ　主な争点

① 　長茎術・増大術の術後，一時的にリンパ浮腫が生じる危険性に関する説明義務及びその義務違反行為の有無

② 　上記説明義務違反行為と自殺との因果関係の有無

エ　判　旨

医師は，患者に対し，美容形成手術は施行する医学的必要性や緊急性のない場合がほとんどであるとして，術前に，できる限り多くの情報（手術の内容，成功の見通し，手術後患部が治癒するまでに要する時間，その間に通常生じる患部の状況の変化，術後の管理の方法，発生が合理的に予想される危険性や副作用等）を提供して説明すべき義務を負っているとした。

その上で，「美容形成手術を受けようとする者は，……雑誌やインターネット等で美容形成手術の広告記事を読み，その手術に危険性はなく，簡単かつ短期間で満足が得られると考えて，手術を受けようと決意することが多いのではないかと思われるが，このような者は，手術を受けようとする身体の部位について，一般の人よりも強いコンプレックスとこだわりを抱いているからこそ，そのような美容形成手術を受けようとしているものと思われる。したがって，仮に，手術によって主観的に期待しているような効果が得られないときには，手術の本来の目的とは逆に，より一層強いコンプレックスを抱いてしまう危険性があることも容易に推測しうるとこ

173

第2章　施術別概要と裁判例

ろであるから，これらの手術を施行しようとする美容形成外科の医師は，これらの特殊事情にも配慮した上で，上記のような当該手術の利害得失を個々の患者の希望や特性に即して丁寧かつ具体的に説明すべき法的義務がある」とし，長茎術・増大術に伴う陰茎の腫れやリンパ浮腫や瘢痕が生じることなどについて十分な説明がされていないとして説明義務違反が認められた（争点①を肯定）。

　もっとも，美容形成手術の失敗によって自殺にまで至ることは通常考えられないとして説明義務違反と自殺との間の因果関係は否定した（争点②を否定）。

4 損害賠償責任に関する裁判例の考察

　裁判例【65】は，医療水準について，仮性包茎など医学的に手術の必要性・緊急性が認められない場合は患者の主観的要望を満たすことが主な目的となることを理由に，真性包茎など医学的に手術の必要性が認められる場合に比して，医師には慎重さが求められることを示している。この点で，包茎手術を行うにしても，医学的に必要性が乏しい仮性包茎の患者に対して行う場合には，高度の注意義務が課されると考え得る。

　裁判例【62】は，美容形成手術が医学的必要性・緊急性が無いことに加えて，期待していた効果が得られない場合には，よりコンプレックスを強くしてしまう危険性を有しているとして，このような側面からも，より個々の患者の希望や特性に即して丁寧に説明すべきとした。これは当該施術に対する患者の主観的な期待（効果や安全性）と当該施術の客観的な性質（効果や危険性）との間に齟齬が生じないよう丁寧に説明することを求めており，説明義務違反を主張する際の参考となる。

174

第11　陰茎に関する施術

5 **裁判例（消費者契約法に基づく取消し）**

消費者契約法上の問題点が争点となった裁判例【63】

東京地判平21・6・19（判時2058号69頁）

　包茎手術に関する消費者契約法上の問題点が争点となったのは公刊されている裁判例は1件のみであった。

　ア　事案の概要

　　医療機関との間で包茎手術及びこれに付随する亀頭コラーゲン注入術について診療契約を締結し、割賦購入あっせんを目的とする会社であるXとの間で治療費の支払につき立替払の委託契約を締結したYに対し、Xが立替金残金の支払を求めた事案。

　イ　結論

　　請求棄却

　ウ　主な争点

　　①　消費者契約法4条1項・同条2項に基づく取消の可否

　　②　錯誤無効・詐欺取消しの可否

　エ　判旨

　「手術を受ける者は、特段の事情のない限り、自己が受ける手術が医学的に一般に承認された方法（術式）によって行われるものと考えるのが通常であり、特段の事情の認められない本件においては、……仮に亀頭コラーゲン注入術が医学的に一定の効果を有するものであったとしても、当該術式が医学的に一般に承認されたものとは言えない場合には、その事実は消費者契約法4条2項の『当該消費者の不利益となる事実』に該当する」とした。その上で、包茎手術における亀頭コラーゲン注入術の実施例に関する文献は皆無であることから、亀頭コラーゲン注入術が医学的に一般に承認された術式であると認めることは困難として、Yの同法に基づく取消しの主張を認めた。

175

第2章　施術別概要と裁判例

⑥ 消費者契約法に基づく取消しに関する裁判例の考察

同裁判例では，亀頭コラーゲン注入術が医学的に一般に承認されていない
ことを理由に消費者契約法に基づく取消しが認められているが，前出の国民
生活センターの発表によれば，ヒアルロン酸やコラーゲンなどを注入して部
分的に増大させる施術に関する相談が散見されており，上記裁判例と同様の
争点が問題となる事例は少なくなく，参考になる。

なお，同裁判例では，亀頭コラーゲン注入術と包茎手術は一体の契約であ
るとして，亀頭コラーゲン注入術に関する不利益事実の不告知を理由として
契約全体の取消しを認めている。

第12 エステに関する施術

1 はじめに

　内閣府消費者委員会の2011年12月21日付「エステ・美容医療サービスに関する消費者問題についての建議」によれば，「全国の消費生活センターには，毎年1万件近くのエステ・美容医療サービス関連の相談が寄せられている。最近のPIO-NETに寄せられた相談情報をみると，エステによって皮膚にやけど状の障害やシミ，ただれが生じた等，身体に危害を受けた情報（危害情報）の全体に占める割合が年々増えてきている。さらに，無資格者によるエステとしてレーザー脱毛，アートメイク，まつ毛エクステンション等の施術が行われたことがうかがえるケースも見受けられる。」との指摘がなされている。

　また，同「建議」には，「平成22年度にPIO-NETに登録された『危害情報』（8,683件）をみると，『医療サービス』が720件（1位），『エステティックサービス』が595件（3位）と上位を占めており，エステについては，脱毛，美顔，痩身，まつ毛エクステンション，まつ毛パーマ，アートメイクが多」いとの指摘がある。

　さらに，国民生活センターのウェブサイト[52)]によれば，エステティックサービスの相談件数は，2016年度は7,108件であったところ，2017年度は8,652件に増加していることがうかがえる。国民生活センターの分析によれば，事業者の倒産等に伴う相談が増加しているとのことである。

---

52) 国民生活センター「2017年度のPIO-NETにみる消費生活相談の概要」（平成30年8月8日公表）　http://www.kokusen.go.jp/pdf/n-20180808_1.pdf

177

第2章　施術別概要と裁判例

❷　エステ事案に対する考え方

⑴　契約の取消主張など

　いわゆるエステティックサービスについて，特定商取引法41条2項及び特定商取引施行令では，特定継続的役務の定義を定める規定があり，ここでエステティックサービスについて特定商取引法による一定の規制がなされている（詳細は第1章第3の3を参照のこと[53]）。

　もっとも，脱毛，美顔（小顔），痩身，まつ毛エクステンションなど多岐にわたるサービスが，エステティックサービスとして提供されており，これらが特定商取引法の対象となる特定継続的役務に該当するのか否かは，個別の事案ごとに検討していく必要がある。

　その他，消費者契約法4条1項等に基づく取消し，民法95条に基づく錯誤無効の主張が可能か否かを検討すべきである。

　このような，エステティックサービスにまつわる紛争について，東京都消費者被害救済委員会が，個別のあっせん成立事例について報告書を公表しており，参考になる[54]。

⑵　医療行為・美容業務との境界について

　無資格者が医行為や美容業務をなすことは禁止されており（医師法17条，美容師法6条），境界線がどこにあるのか，これまでも問題となってきた。エステティックサービスと称して，無資格者が医療行為や美容業務を実施していないか，こちらも個別の事案ごとに検討していく必要がある。

　裁判例【67】は，「被告Y₂は，医師法17条に違反して，医師資格がないにもかかわらず，医師であるように装って，原告に対して医療行為である本件手術を行ったものであり，原告は，同被告が医師でないことを知っていれば本件手術を受けることはなく，また，本件手術の内容も不適切なものであることは明らかであるから，同被告が原告に対して本件手術を行ったことが不

53）消費者庁ホームページ・特定商取引法ガイド（http://www.no-trouble.go.jp/）にも詳細な解説が掲載されている。

54）https://www.shouhiseikatu.metro.tokyo.jp/sodan/kyusai/funsou.html

178

第12　エステに関する施術

法行為に当たることは明らか」として，無資格者による医療行為がなされた
ことが不法行為責任を基礎づける旨判示しており，参考となる。

以下，実際に無資格者による施術が問題となった事例について，概観する。

ア　レーザー脱毛，アートメイク，及びピーリングについて[55]

平成13年11月8日付医政医発第105号「医師免許を有しない者による脱
毛行為等の取扱いについて」においては，以下の行為を医師免許を有しな
いものが業として行うことは医師法17条に違反すると明記されている。

・用いる機器が医療用であるか否かを問わず，レーザー光線又はその他の
強力なエネルギーを有する光線を毛根部分に照射し，毛乳頭，皮脂腺開
口部等を破壊する行為

・針先に色素を付けながら，皮膚の表面に墨等の色素を入れる行為

・酸等の化学薬品を皮膚に塗布して，しわ，しみ等に対して表皮剥離を行
う行為

なお，脱毛については，独立行政法人国民生活センター平成29年5月11
日付報道発表資料「なくならない脱毛施術による危害」において，医師法
に抵触するおそれのある施術がなされていること等が指摘されている。

イ　まつ毛エクステンションについて

平成20年3月7日健衛発第0307001号「まつ毛エクステンションによる
危害防止の徹底について」においては，まつ毛エクステンションが美容師
法2条1項の「美容」に含まれるものとしており，まつ毛エクステンショ
ンを美容師免許を有しないものが業として行うことは同法6条に違反する
こととなる。

ウ　HIFU施術について

独立行政法人国民生活センター平成29年3月2日付報道発表資料「エス
テサロン等でのHIFU機器による施術でトラブル発生！」によれば，「全
国の消費生活センター等には，エステティックサロン等でHIFU（ハイフ）

55）参考資料として，経済産業省「エステティック事業における適正な施術の在り方につ
いて」

179

第2章　施術別概要と裁判例

という『高密度焦点式超音波』や，それに類する超音波技術を応用したという機器で施術（小顔・痩身・美顔）を受けたところ，「顔面が急に熱くなり痛みが走った」や「熱傷になり，治るまでに半年かかると言われた」，「神経の一部を損傷した」等で治療に数カ月を要する危害を負ったといった相談が寄せられ」たとのことであった。

そして，「HIFU機器は，人体の表面を傷つけずに，超音波を体内の特定部位に集中させることで加熱し，熱変性を生じさせることができることから，美容医療の現場において　HIFU施術は，医師の医学的知識や技能を必要とするものとして扱われて」おり，「HIFU施術は，医師の医学的判断及び技術をもってするのでなければ人体に危害を及ぼし，または危害を及ぼすおそれのある『医行為』にあたると考えられ，エステティシャン等がHIFU施術を行うことは医師法に抵触するおそれがあ」と指摘されている。

③ 裁判例

> ## 皮膚疾患が生じたことについて，美顔手術との関係及び注意義務違反を認めなかった裁判例【69】
>
> 大阪地判平14・12・25（東京・大阪医療訴訟研究会編『医療訴訟ケースファイルVol.1』348頁（判例タイムズ社，2004年）

ア　事案の概要

エステティックサロンにおいて美顔施術及びデコルテ施術[56]を受けたところ，皮膚炎の範囲が拡大し，皮膚がガサガサになり，ひび割れた状態になる等の皮膚疾患等が生じた事案。

56）デコルテとは，胸から肩，肩から背中までの襟ぐりの部分を指す。また，本裁判例でいうデコルテ施術とは，デコルテについて，オイル，化粧品などを塗布しながらマッサージをする施術を指す。

180

第12　エステに関する施術

イ　結　論

請求棄却

ウ　主な争点

① 相当因果関係

② 検査義務違反

エ　判　旨

相当因果関係について，患者の年齢，施術の３年前に既に顔の皺やたるみが現れていたこと，後医において継続的な診療を要しない旨判断されていることなどから，これを否定した。

また，検査義務（パッチテスト[57]等をなすべき義務）について，医師資格がない者がパッチテスト等ができるか疑問であること，及びエステティック施術に用いた化粧品等は医師以外の者の使用が禁止されているわけではないことから，これを否定した。

皮膚疾患が生じたことについて，契約に基づく注意義務違反を認めなかった裁判例【70】

東京地判平23・12・21（ウエストロー・ジャパン）

ア　事案の概要

エステティックサロンにおいて，にきび痕解消のための化粧品を用いたエステを受けたところ，皮膚疾患等が生じた事案。

イ　結　論

請求棄却

ウ　主な争点

契約上の義務（にきび痕を解消すべき義務，及び特定の施術を中止すべき義務）違反

---

57) パッチテストとは，使用する薬剤等を少量皮膚に滴下するなどして，皮膚に発赤などの異常がないかどうかを観察する試験のことを指す。

181

第2章　施術別概要と裁判例

エ　判　旨

　まず，被告の実施する施術について「肌の老化角質や汚れを取り去ることなどピーリング効果を有する施術であり，当該施術自体がにきび痕解消等について，一定の結果の発生を保証するものであるとはいえず，仮に原告が当該施術により，にきび痕を解消することを期待しており，その結果が実現できなかったとしても，それをもって直ちに当該施術に債務不履行があったということにはならない」とした。

　また，実際のにきび増加の程度，後医受診時の患者の主訴，施術内容等の事実を踏まえ，「施術後，にきびが増える兆しがあったからといって，同被告に，……の時点で施術を中止し，その後，顧客である原告からの施術の申入れがあっても，それを断り，……施術を行わない義務があったとはいえない」とした。

182

裁判例一覧

番号	判決年月日・出典	施術部位等	術式・施術内容	頁
	争　　点		判決・認容額	
【1】	広島地判平14・9・24 裁判所ウェブサイト	顔の輪郭，眼瞼，鼻	下顎形成術，重瞼術，隆鼻手術	19, 34, 84, 120
【1】	①手技上の過失（オトガイ神経の損傷，プロテーゼの挿入位置の誤り） ②手技上の過失（二重瞼の左右非対称，瘢痕の発生・残存） ③手技上の過失（プロテーゼの動揺，鼻線の曲がり） ④説明義務違反（①，②，③のおそれがある点について）		297万円	19, 34, 84, 120
【2】	東京地判平13・7・26 判タ1139号219頁	顔の輪郭，眼瞼	下顎角形成術，頬骨突出形成術	26, 27, 77
【2】	①説明義務違反（頬骨突出形成術を行うのが適切か） ②説明義務違反（下顎骨切除手術の内容・結果等） ③手技上の過失（下顎角の過大切除） ④眼窩骨を無断で切除したか否か ⑤手技上の過失（オトガイ神経の損傷）		220万円	26, 27, 77
【3】	東京地判平16・7・28 ウエストロー・ジャパン	顔の輪郭	下顎角形成術	79
【3】	①原告との合意に従って施術をしなかった過失の有無 ②原告の希望を把握する適切な措置をとらなかった過失の有無 ③手技上の過失（適切な手術をせず原告の下顎部に変形を生じさせたか）		棄却	79
【4】	東京地判平20・9・25 裁判所ウェブサイト	顔の輪郭	下顎角形成術	81
【4】	①説明義務違反（骨折を生じる危険性について） ②手技上の過失（左下顎骨折の傷害）		525万3,825円	81
【5】	名古屋地判平19・11・28 裁判所ウェブサイト	顔の輪郭，眼瞼，鼻	下顎角形成術，こめかみ形成術，隆鼻術，重瞼術	82, 121
【5】	①手技上の過失（こめかみの左右不均衡）			82, 121

	②説明義務違反（下顎角形成術に関する左右差） ③説明義務違反（こめかみ形成術に関するシリコンプレートの移動等の問題） ④手技上の過誤（L型インプラントを鼻柱に沿って垂直に挿入すべき注意義務の違反） ⑤説明義務違反		90万円	
【6】	大阪地判平17・12・19 公刊物未登載	顔の輪郭	頬骨突出形成術	83
	①手技上の過失（眼窩下神経を損傷した過失，手術跡を残した過失） ②説明義務違反		棄却	
【7】	神戸地判平13・11・15	顔の輪郭	こめかみ形成術	85
	①説明義務違反（こめかみ形成術の副作用や後遺症等） ②手技上の過失（シリコンプロテーゼの埋入位置等）		249万5,820円	
【8】	東京地判平17・4・25 ウエストロー・ジャパン	顔の輪郭	下顎骨角形成術，下顎骨体部削除術	―
	①説明義務違反(下顎骨角形成術の方法，内容等） ②検査義務違反（MRI検査等による状態把握） ③最適治療法選択義務違反 ④手技上の過失（咬筋の切削除）		棄却 （医師によるネット上の書き込みについては認容）	
【9】	大阪地判平12・1・31 ウエストロー・ジャパン	フェイスリフト	フェイスリフト	89
	①手技上の過失（術式の選択，縫合の手技） ②説明義務違反（複数ある術式の提示とそれぞれの合併症，後遺症等）		401万2,276円	
【10】	名古屋地判平12・9・19 ウエストロー・ジャパン	フェイスリフト	フェイスリフト	91
	説明義務違反（効果，危険性，合併症等について。特に事前に宣伝・広告活動をしている場合）		455万8,500円	
【11】	東京地判平28・9・29 ウエストロー・ジャパン	フェイスリフト	フェイスリフト	92
	①手技上の過失（標準的な手技によって手術を実施しなかったか） ②麻酔方法の選択に関する注意義務違反 ③説明義務違反（麻酔方法とそれによる痛みの程度等）		30万円	

【12】	東京地判平28・11・10 判タ1438号199頁	フェイスリフト	フェイスリフト	93
	①手技上の過失（十分な長さの切開をしなかったか） ②説明義務違反（フェイスリフトの効果，合併症について）		55万円	
【13】	大阪地判平28・3・15 判タ1424号218頁	フィラー	目の下のしわの改善	18, 99
	①添付文書違反（適応外使用） ②説明義務違反（適応外使用で未確立な治療であること等）		棄却	
【14】	大阪地判平27・7・8 判時2305号132頁	フィラー	しわとたるみの改善	32, 34, 36, 98
	説明義務違反（効果の発生の有無やその可能性）		203万2,668円	
【15】	東京地判平27・1・29 ウエストロー・ジャパン	フィラー	ディスポート注射 デカドロン注射	―
	①添付文書違反（適応外使用） ②説明義務違反（合併症の危険性）		棄却	
【16】	東京地判平25・11・29 ウエストロー・ジャパン	フィラー	脂肪注入	―
	抗生剤の予防投与義務違反		棄却	
【17】	大阪地判平19・12・12 医療訴訟ケースファイル Vol.4・410頁	眼瞼	下眼瞼瞼除皺術・脱脂術	17
	①手技上の過失（上眼瞼皮膚と下眼瞼目尻の接着部に存在する薄い膜が形成された原因） ②説明義務違反（術後の経過，施術の結果どのような容貌になるのか等）		97万3,100円	
【18】	京都地判平7・7・13 判時1558号104頁	眼瞼	重瞼術（埋没法）	21, 23, 26, 107, 110
	①手技上の過失（患者の角膜潰瘍の原因） ②医師の術後措置の適否，因果関係		2,795万7,598円	
【19】	京都地判昭54・6・1 判タ404号123頁	眼瞼	重瞼術（切開法）	21, 106, 110
	①手技上の過失（被告の手術により顔貌が損なわれたか） ②手術後の治療義務違反（術後の眼の痛み・腫脹の原因），因果関係		30万円	

裁判例一覧

【20】	東京地判平17・11・21 裁判所ウェブサイト	眼瞼	上眼瞼切除術 （眼瞼下垂治療）	27, 112, 116
	説明義務違反（手術の効果）		34万4,750円	
【21】	東京地判平9・11・11 判タ986号271頁	眼瞼	重瞼術（切開法）	29, 111, 116
	①説明義務違反の有無（手術の困難性，危険性） ②過失相殺（説明文書を見せられたが読まなかった点）		104万9,814円 （過失相殺後）	
【22】	大阪地判昭48・4・18 判時710号80頁	眼瞼	眼瞼の異物除去手術	29, 110
	①手技上の過失（外反症状の発生） ②過失相殺（手術の危険性を認識しながら手術を依頼した点）		72万円（過失相殺後）	
【23】	東京地判平16・1・28 LLI/DB 判例秘書	眼瞼，鼻，脂肪	脂肪吸引，重瞼術（埋没法），隆鼻術を含む複合美容整形手術	34, 147, 151, 152
	①説明義務違反の有無（手術の欠点や危険性についての十分な説明，誤解等の解消，手術目的が達成されないおそれがある場合の明確な告知，手術を受ける意思の慎重な確認） ②損害		90万円	
【24】	東京地判昭52・9・26 判タ365号386頁	眼瞼	眼瞼のたるみの切除等	105, 110
	手技上の過失（多数回の手術により眼瞼部に外反症状を発生させた）		324万7,777円	
【25】	名古屋高判平14・3・22 裁判所ウェブサイト	眼瞼	重瞼術（埋没法）	109
	①手術の適応（埋没法と切開法） ②手技上の過失（三重瞼），因果関係 ③説明義務違反（手術による痛みや腫れが長時間継続する可能性等）		棄却	
【26】	鹿児島地判昭62・3・27 判タ637号175頁	眼瞼	眼瞼下垂治療	111
	術後細菌感染の早期治療義務（原因菌を予見し，感染の進行防止に有効な治療を行うべきであったか）		980万7,820円	
【27】	大阪地判平17・11・21 医療訴訟ケースファイル Vol.2・456頁	眼瞼	下眼瞼除皺術	114, 116

	①手技上の過失（本件手術によって醜状痕が発生したか） ②説明義務違反（手術による傷痕が残存する可能性）		71万7,500円	
【28】	東京地判平25・9・19 ウエストロー・ジャパン	眼瞼	重瞼術（①二重の修正，②二重の再修正，右眼瞼の脂肪除去・挙上等）	115, 116
	①手技上の過失（患者が希望する痕瘢全ての切除義務） ②説明義務違反（手術の危険性，術後に重瞼部に皺が残存する可能性）		192万1,191円	
【29】	東京地判昭54・2・21 判タ387号126頁	眼瞼	重瞼術	―
	手技上の過失（被告の施術によって兎眼症，角膜廃爛を生じたか）		棄却	
【30】	東京地判平19・3・8 裁判所ウェブサイト	皮膚	高周波，ダイオードレーザー	32, 130
	①説明義務違反（肝斑に対するレーザー治療が禁忌である等の点） ②相当因果関係		208万6,913円	
【31】	横浜地判平15・9・19 判時1858号94頁	皮膚	レーザー治療	46, 127
	肝斑に対するレーザー治療の危険性について，①診療契約における要素の錯誤の成否，②説明義務違反		56万395円	
【32】	東京地判平15・10・23 ウエストロー・ジャパン	皮膚	ケミカルピーリング	126
	①相当因果関係 ②皮膚の状態についての検査義務違反 ③経過観察・処置義務違反		761万5,908円	
【33】	福岡高判平16・10・27 判タ1185号246頁	皮膚	レーザー治療	129
	①説明義務違反（特に，レーザー治療により生じる仕事への不利益等の点） ②診療契約上の付随義務違反（テストレーザー治療による状態把握等の点）		棄却	
【34】	東京地判平25・9・26 ウエストロー・ジャパン	皮膚	レーザー治療	―

裁判例一覧

	レーザー照射方法に関する注意義務違反		棄却	
【35】	東京地判平18・9・25 ウエストロー・ジャパン	皮膚	レーザー治療	―
	①照射（量）についての注意義務違反 ②問診義務違反 ③説明義務違反（色素沈着の可能性）		棄却	
【36】	名古屋地判昭56・11・18 判タ462号149頁	脱毛	電気脱毛	134, 136
	説明義務違反（電気脱毛による永久脱毛が困難であること，一時的に焼痕が残ること。）		55万7,000円	
【37】	東京地判平15・11・27 ウエストロー・ジャパン	脱毛	レーザー脱毛施術	135, 136
	手技上の過失（レーザー照射部位の冷却措置が，不十分であった。）		15万円	
【38】	東京地判平24・10・31 判タ1388号270頁	脂肪	メソセラピー（脂肪溶解剤の注射）	137, 139, 142, 151, 152
	①非結核性抗菌感染症の罹患の有無・感染経路 ②非結核性抗菌感染症に感染させた注意義務（十分な滅菌消毒処置を行うべき注意義務）違反の有無		原告1：436万8,640円 原告2：286万8,200円	
【39】	東京地判平25・3・14 判タ1415号379頁	脂肪	脂肪吸引	140, 151
	①心停止の機序 ②麻酔管理義務（麻酔薬の追加投与に当たり，直ちに気道確保や酸素投与ができる準備をすべき義務）違反の有無 ③共済者の共済金支払義務の有無		原告1ないし4から被告1及び2に対する総額：1億4,132万2,846円，原告1ないし4から被告3（共済者）に対する総額：1億円	
【40】	東京地判平24・9・20 判タ1391号269頁	脂肪	脂肪吸引	144, 151, 152
	①手術手技上の注意義務違反の有無 ②説明義務違反の有無（脂肪吸引手術が死亡や重度後遺障害に至る重大な合併症を生じさせる可能性があることの説明） ③本件心肺停止の原因 ④説明義務違反と本件手術実施との因果関係の有無，損害		220万円	

【41】	東京地判平16・2・20 ウエストロー・ジャパン	脂肪	脂肪吸引・注入	146, 151, 152
	①手術における手技，術後管理等に関する注意義務 　違反の有無 ②説明義務違反の有無（脂肪吸引・注入手術におけ 　るあり得べき合併症や後遺症の危険等について 　の十分な説明） ③説明義務違反と結果との間の因果関係の有無 ④損害		203万400円	
【42】	東京地判平14・2・28 裁判所ウェブサイト	脂肪	脂肪吸引	149, 151, 153
	①術前の問診及び検査，手術時における手技，手術 　当日の技後管理のそれぞれにかかる不法行為の 　成否 ②術後の指示及び対応にかかる不法行為の成否（合 　併症の発生の有無を確認するための診察，処置， 　又は他院に転送をすべき注意義務違反の有無）		550万円	
【43】	東京地判平8・2・7 判時1581号77頁	脂肪	脂肪吸引	150, 151, 153
	手術手技上の注意義務（必要以上に多量の脂肪吸引 をすることにより凹凸等が生じないようにすべき注 意義務）違反の有無		101万1,970円	
【44】	徳島地判平10・7・31 判タ1041号237頁	腋臭症	腋臭症の手術	28, 157, 159
	①術中の手技上，術後の処置上の義務違反（皮膚の 　削り過ぎや止血不十分等により皮膚の瘢痕化を 　生じた） ②事前説明義務違反（手術の危険性や瘢痕の残存可 　能性について）		25万円	
【45】	東京地判平7・7・28 判時1551号100頁	腋臭症	多汗症，腋臭症 の手術	32, 33, 156, 159
	①手術方法選択の誤り（医学的効能の明らかでない 　独自の施術方法を選択したことの誤り） ②術後管理についての義務違反（手術部位の固定が 　不十分で肥厚性瘢痕を生じさせた） ③説明義務違反（施術の効果及びリスクについての 　説明義務違反） ④脱毛手術についての説明義務違反（色素沈着が生 　じる可能性についての説明義務違反）		82万4,370円	
【46】	高松高判平11・6・28 判タ1041号232頁	腋臭症	腋臭症の手術	158, 159

裁判例一覧

	①術中の手技上，術後の処置上の義務違反 ②事前説明義務違反		棄却	
【47】	東京地判平15・7・30 判タ1153号224頁	胸・乳房	豊胸手術	17, 24, 162, 166, 168
	①手技上の過失（目立つ位置を切開し，傷痕を残した）		297万4,110円	
【48】	京都地判平5・6・25 判タ841号211頁	胸・乳房	豊胸手術	17, 29, 162
	①手技上の過失（切開不十分・シリコンパック空気感染，再挿入の際の滅菌措置），②手術適応		104万2,017円 （過失相殺後）	
【49】	東京地判平19・1・29 裁判所ウェブサイト	胸・乳房	豊胸手術	24, 162, 165, 168
	①手技上の過失（バッグ挿入のための大胸筋の剥離範囲），②説明義務違反（バッグ取り出しの際の傷痕，他の術式），③マッサージ指導義務違反		160万円	
【50】	東京地判平17・1・20 判タ1185号235頁	胸・乳房	豊胸手術	24, 162
	①マッサージ指導義務違反，②手技上の過失（剥離範囲，インプラント抜去），③説明義務違反（期待しうる効果，危険性）		535万6,269円	
【51】	大阪地判平13・4・5 判時1784号108頁	胸・乳房	豊胸手術	25, 162
	①手技上の過失（乳房高さの左右差，大胸筋の剥離範囲，被膜除去）		110万8,194円	
【52】	福岡地判平5・10・7 判時1509号123頁	胸・乳房	陥没乳頭手術	26
	①手術の適応，術式選択の当否 ②説明義務違反（手術の具体的な術式の内容，手術による傷跡の有無・状況） ③損害（後遺障害による逸失利益の有無）		700万円	
【53】	東京地判平25・2・7 判タ1392号210頁	胸・乳房	豊胸手術，脂肪吸引	32, 163, 167, 168
	①債務不履行責任（豊胸効果不十分），②手技上の過失（脂肪注入量及び吸引部位），③説明義務違反（期待される効果と確実性）		295万8,565円	
【54】	東京地判平15・4・25 LLI/DB判例秘書	胸・乳房	豊胸手術	163
	①手技上の過失（プロテーゼの容量不足，サイズ選択の誤り），②説明義務違反（合併症，耐用年数等），		143万1000円	

	③破損原因の調査・説明義務違反			
【55】	東京地判平28・9・8 ウエストロー・ジャパン	胸・乳房	豊胸手術，脂肪吸引	163
	①手技上の過失（脂肪吸引部や脂肪注入部に醜状痕等が残った），②豊胸効果に関する保証義務違反，③説明義務違反（効果，醜状痕リスク），④無料永久保証義務違反		棄却	
【56】	東京地判平17・11・24 ウエストロー・ジャパン	胸・乳房	豊胸手術，脂肪吸引	163
	①手技上の過失（脂肪吸引部の凹凸，バッグ抜去），②説明義務違反（期待しうる効果）		357万660円	
【57】	大阪地判平16・11・10 医療訴訟ケースファイル Vol.2・444頁	胸・乳房	豊胸手術，脂肪吸引	163
	①説明義務違反（効果，合併症），②脂肪吸引の適応，③手技上の過失（過度に脂肪吸引），④術後管理義務違反（冷却指導）		69万7,500円	
【58】	東京地判平25・7・19 ウエストロー・ジャパン	胸・乳房	豊胸手術	163, 168
	①手技上の過失（シリコンバッグの全部抜去），②説明義務違反（本件手術に付随する感染の危険性）		201万7,231円	
【59】	東京地判平18・9・27 裁判所ウェブサイト	胸・乳房	豊胸手術	―
	消滅時効の完成		棄却	
【60】	東京地判平15・11・28 裁判所ウェブサイト	胸・乳房	豊胸手術	―
	①診療録等のねつ造，②麻酔管理義務違反		1億7,051万8,042円	
【61】	東京地判昭60・4・26 判時1180号84頁	胸・乳房	豊胸手術	―
	①シリコンバッグを使用した豊胸術を施行した過失，②説明義務違反（シリコン系物質の副作用）		棄却	
【62】	東京地判平15・4・22 判タ1155号257頁	陰茎	長茎術 増大術	32, 34, 173, 174
	説明義務違反(長茎術・増大術の術後，一時的にリンパ浮腫が生じる危険性)		880万円	
	東京地判平21・6・19 判時2058号69頁	陰茎	包茎手術 亀頭コラーゲン	

裁判例一覧

			注入術	
【63】	消費者契約法4条1項・同条2項に基づく取消の可否		請求棄却（ローン会社の立替払）	35, 42, 175
【64】	東京地判平13・7・5 判タ1089号228頁	陰茎	シリコンボール挿入術	37
	①説明義務違反（手術後の合併症等） ②療養指導義務（包帯の巻き方についての指導・説明）		110万円	
【65】	名古屋高裁金沢支判 昭53・1・30 判タ362号320頁	陰茎	包茎手術	172, 174
	生理的機能に障害を残さぬよう包皮を過剰切除せずに手術を施行すべき注意義務の有無		62万円	
【66】	東京地判平27・6・18 ウエストロー・ジャパン	陰茎	長茎術 陰茎静脈結紮術 亀頭強化増大術	―
	①説明義務違反（施術に伴う危険性） ②診察義務違反 ③手術中に無断で追加施術を行った過失		53万9,147円	
【67】	東京地判平25・12・12 ウエストロー・ジャパン	陰茎	陰茎増大術	178
	医師法17条違反（医師であるように装って医療行為を行ったこと）		726万5,000円	
【68】	東京地判昭56・9・28 判タ459号120頁	陰茎	充填物除去手術	―
	手術方法の選択・施行に関する注意義務		棄却	
【69】	大阪地判平14・12・25 医療訴訟ケースファイル Vol.1・348頁	エステ	美顔施術，デコルテ施術	180
	①相当因果関係 ②いわゆるパッチテスト等の検査義務違反		棄却	
【70】	東京地判平23・12・21 ウエストロー・ジャパン	エステ	ニキビ痕解消	181
	契約上の義務違反（にきび痕を解消すべき義務，施術を中止すべき義務）		棄却	

事 項 索 引

アルファベット

ADR（Alternative Dispute Resolution）‥‥‥ 69
Fixation Type（固定型）‥‥‥‥‥‥‥‥ 88
Free floating Type（浮遊型）‥‥‥‥‥‥ 88
HIFU施術 ‥‥‥‥‥‥‥‥‥‥‥‥‥ 179
JAAM ‥‥‥‥‥‥‥‥‥‥‥‥‥‥‥ 70
JSAPS ‥‥‥‥‥‥‥‥‥‥‥‥‥‥‥3, 4
JSAS ‥‥‥‥‥‥‥‥‥‥‥‥‥‥‥3, 4
PIO-NET ‥‥‥‥‥‥‥‥‥‥ 5, 11, 69
SMAS法 ‥‥‥‥‥‥‥‥‥‥‥‥‥‥ 88
tumescent液 ‥‥‥‥‥‥‥‥‥‥‥‥ 138
VASER® ‥‥‥‥‥‥‥‥‥‥‥‥‥ 138
VASER波 ‥‥‥‥‥‥‥‥‥‥‥‥‥ 138

あ

アートメイク ‥‥‥‥‥‥‥‥ 8, 177, 179
アクアフィリング ‥‥‥‥‥‥‥‥97, 160
あっせん ‥‥‥‥‥‥‥‥‥‥‥‥‥ 68
アパタイト ‥‥‥‥‥‥‥‥‥‥‥‥ 77
アポイントメントセールス ‥‥‥‥‥‥ 50
アポクリン汗腺 ‥‥‥‥‥‥‥‥‥‥ 155
アポクリン腺 ‥‥‥‥‥‥‥‥‥‥‥ 155
医学的機序 ‥‥‥‥‥‥‥‥‥‥ 16, 19
医学的必要性・緊急性 ‥‥‥ 15, 16, 17, 31
医行為 ‥‥‥‥‥‥‥‥‥‥‥‥ 132, 178
医師法 ‥‥‥‥‥‥‥‥‥‥‥‥‥‥ 13
慰謝料 ‥‥‥‥‥‥‥‥‥‥‥‥‥‥ 27
逸失利益 ‥‥‥‥‥‥‥‥‥‥‥‥25, 26
一般社団法人日本美容医療責任共済
　会 ‥‥‥‥‥‥‥‥‥‥‥‥‥‥‥ 70
糸によるリフト ‥‥‥‥‥‥‥‥‥‥ 88

医薬品，医療機器等の品質，有効性
　及び安全性の確保等に関する法律
　‥‥‥‥‥‥‥‥‥‥‥‥‥‥ 7, 13, 59
医薬品製剤 ‥‥‥‥‥‥‥‥‥‥‥‥ 101
医療ADR ‥‥‥‥‥‥‥‥‥‥‥‥‥ 69
医療慣行 ‥‥‥‥‥‥‥‥‥‥‥‥‥ 18
医療機関検索システム ‥‥‥‥‥‥‥ 71
医療行為 ‥‥‥‥‥‥‥‥‥‥‥‥‥ 15
医療行為性 ‥‥‥‥‥‥‥‥‥‥‥‥ 15
医療広告ガイドライン ‥‥‥‥‥ 13, 51, 52
医療事故調査 ‥‥‥‥‥‥‥‥‥‥‥ 12
医療従事者による医薬品の個人輸入 ‥‥‥ 7
医療水準 ‥‥‥‥‥‥ 16, 17, 18, 29, 31, 37
医療法 ‥‥‥‥‥‥‥‥‥‥‥‥ 12, 51, 58
因果関係 ‥‥‥‥‥‥ 19, 36, 98, 99, 101, 173
因果関係の立証の程度 ‥‥‥‥‥‥‥‥ 20
陰茎 ‥‥‥‥‥‥‥ 37, 169, 170, 172, 173, 174
陰茎増大術 ‥‥‥‥‥‥‥‥‥‥‥‥ 173
インフォームド・コンセント ‥‥‥ 13, 29, 30
インプラント ‥‥‥‥‥‥ 121, 123, 161, 167
インプラント（人工物）挿入法 ‥‥‥‥ 161
ウェブサイト ‥‥‥‥‥‥‥‥‥‥ 12, 65
請負契約 ‥‥‥‥‥‥‥‥‥‥‥‥‥ 15
腋窩部（脇の下）を切開する方法 ‥‥‥ 162
腋臭 ‥‥‥‥‥‥‥‥‥‥‥‥‥‥‥ 33
腋臭症（わきが）‥‥‥‥‥‥‥‥ 154, 155
エステ ‥‥‥‥ 8, 11, 14, 46, 132, 177, 178, 181
おとがい形成術 ‥‥‥‥‥‥‥‥‥‥ 84
オトガイ形成術（インプラント）‥‥‥‥ 77
オトガイ形成術（オトガイ部骨切り
　術）‥‥‥‥‥‥‥‥‥‥‥‥‥‥‥ 76

事項索引

か

開示請求 …………………………… 71
ガイドライン ……………………… 18
外反 ………………………………… 105
下顎角形成術 …………76, 77, 79, 81, 82
下眼瞼除皺術 ……………………… 114
角膜潰瘍 …………………………… 108
過失相殺 ……………………… 28, 110
仮性包茎 …………………………… 170
過量な内容の契約 ………………… 44
カルテ等開示請求 ………………… 66
カルボキシセラピー ……………… 140
眼瞼 ………………………………… 102
眼瞼下垂 ……………………… 104, 112
眼瞼下垂修正術 …………………… 102
眼瞼挙筋 ……………………… 103, 105
眼瞼除皺術 ………………………… 102
眼瞼の外反 …………………… 110, 115
眼瞼部のたるみ切除 ……………… 105
環状切開術（包茎手術）………… 171
感染 ………………………………… 162
嵌頓包茎 …………………………… 170
肝斑 …………………………126, 127, 130
顔面骨格 …………………………… 75
顔面除皺術 ………………………… 87
亀頭コラーゲン注入術 ……35, 175, 176
休業損害 ……………………… 25, 26
求説明交渉 ………………………… 67
頬骨突出形成術 ……………76, 77, 83
共済会 ……………………………… 152
共済金請求権（共済金支払請求権，
　共済金支払義務）…… 140, 141, 142, 152
行政処分 …………………………… 60
協力医 ……………………………… 67
虚偽広告の禁止 …………………… 52
挙筋前転術 ………………………… 105

クーリング・オフ …………48, 50, 63, 64
契約締結前の債務の実施 ………… 44
血腫 ………………………………138, 139
血栓（血栓症，血栓塞栓症）
　………………… 138, 149, 150, 153
ケミカルピーリング ………… 8, 125, 126
健康増進法 ………………………… 60
現存利益 ……………………… 39, 49
瞼板 ………………………………… 103
広告 ………………33, 34, 45, 51, 65, 101
公序良俗違反 ……………………… 46
公序良俗違反広告の禁止 ………… 54
厚生労働省令で定める基準に反する
　広告の禁止 …………………… 54
高度の蓋然性 …………20, 36, 145, 147
国民生活センター ………………… 5, 9
国民生活センターの報道発表 …… 9, 10
誇大広告の禁止 …………………… 54
コヒーシブシリコンバッグ……… 161
こめかみ形成術 ………………77, 82, 85
コラーゲン …………97, 101, 161, 176

さ

債務不履行構成 …………………… 16
差額説 ……………………………… 22
錯誤 ………………………………… 46
色素沈着 ……………………32, 125, 126
自己決定権 …………29, 30, 36, 146, 152
自己決定権の侵害 ………………… 27
事実的因果関係 …………………… 19, 21
示談交渉 …………………………… 68
支払停止等の抗弁 ………………… 63
支払停止等の抗弁事由 …………… 63
脂肪吸引 ……137, 139, 140, 144, 145, 146,
　　　　　　147, 149, 150, 151, 152
脂肪血栓症 ………………………… 139

事項索引

脂肪切除（腹部）……………………139
脂肪塞栓症（脂肪塞栓）………138, 144, 145
脂肪注入……………………………146
脂肪注入法（豊胸術）………………163
脂肪溶解（融解）……137, 139, 140, 142, 151
写真撮影……………………………65
重瞼術 ………102, 106, 107, 109, 111, 115
重瞼術（二重瞼手術）………………103
重瞼予定線…………………………103
自由診療…………………………6, 56, 57
自由診療領域の広告………………57
主観的願望………………19, 27, 28, 31
熟慮の機会…………………………33
手術手技の注意義務違反
　　……………………144, 146, 149, 151
術後管理……………………………149
術後管理等に関する注意義務違反……146
術後の細菌感染…………………108, 111
術後の診察義務…………………150, 151
準委任契約…………………15, 16, 23
消極損害……………………………22
証拠保全……………………………66
消費者委員会……………………10, 11
消費者委員会による建議 ……………10
消費者契約法………………14, 39, 175
消費者契約法に基づく取消権…………64
消費者ホットライン………………68
消費者を困惑させる行為 ……………42
消費生活センター………………5, 68, 69
書面交付義務……………………48, 50
シリコン…………………………120, 123
シリコンインプラント法 ……………120
シリコンインプラント法（隆鼻術）……119
シリコンバッグ …………161, 163, 166
シリコンプレート…………………77
シリコンプロテーゼ………………120
シリコンボール ……………………37

人工乳房の破損，漏れ ………………163
診察義務違反………………………153
真性包茎……………………………170
診断書………………………………65
深部静脈血栓症……………………138
診療契約……………………………15
診療契約に基づく顚末報告義務………67
診療情報の提供等に関する指針………13
診療録………………………………66
診療録等の開示……………………13
スマートリポ………………………140
スムースタイプ……………………162
スレッドリフト…………………88, 95
生理食塩水バッグ…………………161
施術代金……………………………23
切開法（重瞼術）……103, 104, 106, 109, 111
積極損害……………………………22
説明義務………29, 30, 31, 98, 99, 101, 173
説明義務違反
　　‥29, 144, 145, 146, 147, 148, 151, 152, 174
説明義務の基準 ……………………35
前額の輪郭形成術…………………77
剪除法………………………………154
剪除法（皮弁法）……………………155
宣伝……………………………33, 34
前頭筋吊り上げ術…………………105
痩身…………………………………178
増大術…………………………173, 174
相当因果関係……………………20, 22
相当程度の可能性…………………20
相当程度救命し得た可能性………150, 153
即日施術…………………………33, 169
訴訟…………………………………69
損害…………………………………22
損害項目……………………………22

195

事項索引

た

大胸筋下に挿入する方法 …………… 162
退去妨害 ………………………………… 44
体験談の広告の禁止 ………………… 55
多汗症 …………………………………… 33
他原因の存在 ………………………… 21
脱毛 ………………………… 8, 132, 178
炭酸ガス療法 ……………………… 140
断定的判断の提供 …………………… 41
中途解約 ……………………………… 48
注入 ……………… 98, 101, 146, 176
注入剤 …………………………………… 97
長茎術 ……………………… 173, 174
調停 ……………………………………… 69
治療の必要性・緊急性 ……………… 23
治療費 …………………………………… 24
適応外使用 …………………… 100, 101
適格消費者団体による差止請求 ……… 61
テクスチャードタイプ ……………… 162
デコルテ施術 ……………………… 180
電気脱毛 …………………… 133, 134
電子カルテ …………………………… 66
転送義務 …………………… 150, 151
転送義務違反 ……………………… 153
添付文書 …………… 18, 99, 100, 101
顚末報告義務 ………………… 29, 37, 67
東京都消費生活総合センター …… 118, 137
兎眼 ……………………… 105, 115
特定継続的役務 …………… 46, 47, 178
特定商取引に関する法律
　　……………… 8, 14, 46, 178, 180
取消権 ………………… 39, 49, 50, 64
ドレッシング ………………… 138, 139

な

内閣府消費者委員会 ………………… 51
ニキビ痕 ………… 125, 126, 129, 181
日本美容医療協会（JAAM）………… 70
日本美容外科学会 …………………… 3, 4
日本美容皮膚科学会 …………………… 4
乳腺下に挿入する方法 ……………… 162
乳房下縁溝（乳房の下縁）に沿って
　　切開する方法 ………………… 162
乳房再建手術 ……………………… 160
乳房の位置異常 …………………… 162
認定要素 ……………………………… 21

は

肺動脈脂肪塞栓症（肺塞栓症，肺動
　　脈血栓塞栓症）……… 138, 139, 149, 153
ハイドロキシアパタイト …………… 120
ハイドロジェルバッグ ……………… 161
背面切開術（包茎手術）…………… 171
瘢痕 ………… 104, 114, 115, 173, 174
ヒアルロン酸 …… 97, 101, 120, 161, 176
ピーリング ………………………… 179
ピーリング効果 …………………… 182
比較優良広告の禁止 ………………… 53
美顔（小顔）……………………… 178
美顔施術 …………………………… 180
非結核性抗酸菌 …………… 142, 143
肥厚性瘢痕 …………………………… 32
鼻尖形成術 ………………………… 120
鼻尖形成術（だんご鼻修正）…… 119
鼻中隔延長術 ……………………… 119
ビフォーアフター写真の広告の禁止 … 55
皮膚の構造 ………………………… 124
被膜拘縮（カプセル拘縮）………… 162
『美容医療』の消費生活相談の概要 …… 137

196

事項索引

美容医療賠償責任保険 ················· 70, 71
美容医療麻酔賠償責任共済 ········· 70, 152
鼻翼縮小術 ···························· 119, 120
不安をあおる告知 ······················· 44
フィブラストスプレー ·················· 100
フィラー ·············· 97, 98, 101, 120
フェイスリフト ········ 87, 89, 91, 92, 93
フェンタニル ·············· 140, 141, 142
腹膜穿孔 ·························· 138, 144
不作為の医療行為の因果関係 ··········· 20
不実告知 ································ 40
不正競争防止法 ························· 59
二重瞼 ······························· 34, 103
二重瞼手術 ···························· 102
二重瞼の不均衡 ························ 110
物理的な脱毛 ·························· 133
不当景品類及び不当表示防止法 ······ 14, 58
不法行為構成 ···························· 16
不利益事実の不告知 ···················· 41
プロテーゼ ························· 77, 120
プロポフォール ········· 140, 141, 142, 151
文献調査 ································ 67
閉院 ··································· 71
弁護士会照会 ··························· 72
豊胸手術 ················ 163, 165, 166, 167
豊胸術 ································· 160
包茎 ··································· 170
包茎手術 ······· 169, 171, 172, 174, 175, 176
保険診療 ······························ 169
保険適用 ··············· 6, 105, 160, 170
ポジティブリスト方式による広告内
　　容規制 ····························· 55
勃起不全 ······························ 173
ボディジェット ························· 138

ま

埋没法（埋没式縫合法）········ 103, 107, 109
麻酔管理上の注意義務違反
　　············· 140, 141, 142, 151
まつ毛エクステンション ······ 177, 178, 179
未承認医薬品・医療機器 ················· 7
目頭・目尻切開術 ······················ 102
メソセラピー ····· 140, 142, 143, 151, 152
滅菌消毒処置 ········ 139, 142, 143, 151, 152
毛包幹細胞 ···························· 132
目的隠匿型呼出販売 ···················· 50

や

やけど ································· 32
薬監証明 ································· 7
有利誤認表示の禁止 ···················· 58
優良誤認表示の禁止 ···················· 58
優良表示・誇大表示等の禁止 ··········· 53
ユニバーサル少額短期保険株式会社
　　································ 70, 71

ら

隆鼻術 ································· 119
療養指導 ···························· 29, 36
リンパ浮腫 ························ 173, 174
レーザー ·························· 125, 127
レーザー照射による脂肪融解 ··········· 140
レーザー脱毛 ······· 133, 135, 177, 179
レーザー治療 ························ 129, 130
老人性眼瞼下垂 ···················· 105, 112

わ

わきが ································ 154

197

著 者 紹 介

末吉　宜子（すえよし　たかこ）

末吉法律事務所
1983年弁護士登録（東京弁護士会）
（執筆担当：第1章第1-1・第1-5）

寺尾　幸治（てらお　こうじ）

みなと協和法律事務所
1998年弁護士登録（東京弁護士会）
（執筆担当：第1章第3，第2章第7）

伊藤　茂孝（いとう　しげたか）

伊藤茂孝法律事務所
2002年弁護士登録（東京弁護士会）
（執筆担当：第1章第5，第2章第8）

三枝　恵真（さいぐさ　えま）

東京あさひ法律事務所
2002年弁護士登録（東京弁護士会）
（執筆担当：第1章第2-1・第2-2，第2章第5・第9）

田畑　俊治（たばた　しゅんじ）

はやと法律事務所
2005年弁護士登録（第一東京弁護士会）
（執筆担当：第1章第2-3・第2-4，第2章第4）

著者紹介

花垣　存彦（はながき　ありひこ）

東京共同法律事務所

2005年弁護士登録（第二東京弁護士会）

（執筆担当：第1章第1-6・第1-7・第1-8，第2章第1・第2）

川見　未華（かわみ　みはる）

樫の木総合法律事務所

2009年弁護士登録（東京弁護士会）

（執筆担当：第1章第1-2・第1-3・第1-4，第2章第10）

晴枚　雄太（はれまき　ゆうた）

オアシス法律事務所

2009年弁護士登録（東京弁護士会）

（執筆担当：第1章第4，第2章第6・第12）

渡邊　隼人（わたなべ　はやと）

岸町法律事務所

2011年弁護士登録（埼玉弁護士会）

（執筆担当：第1章第2-5，第2章第3・第11）

美容医療トラブル解決への実務マニュアル
―施術別裁判例をふまえて―

平成30年11月9日　初版発行

著者　　末吉　宜子
　　　　寺尾　幸治
　　　　伊藤　茂孝
　　　　三枝　恵真
　　　　田畑　俊治
　　　　花垣　存彦
　　　　川見　未披
　　　　晴被　雄太
　　　　渡邊　隼人

発行者　和田　裕

発行所　日本加除出版株式会社

本　社　郵便番号 171-8516
　　　　東京都豊島区南長崎3丁目16番6号
　　　　TEL　(03)3953-5757（代表）
　　　　　　　(03)3952-5759（編集）
　　　　FAX　(03)3953-5772
　　　　URL　www.kajo.co.jp

営業部　郵便番号 171-8516
　　　　東京都豊島区南長崎3丁目16番6号
　　　　TEL　(03)3953-5642
　　　　FAX　(03)3953-2061

組版・印刷　㈱郁文　／　製本　牧製本印刷㈱

落丁本・乱丁本は本社でお取替えいたします。
★定価はカバー等に表示してあります。
© 2018
Printed in Japan
ISBN978-4-8178-4516-0

JCOPY 〈出版者著作権管理機構　委託出版物〉

本書を無断で複写複製（電子化を含む）することは，著作権法上の例外を除き，禁じられています。複写される場合は，そのつど事前に出版者著作権管理機構（JCOPY）の許諾を得てください。
　また本書を代行業者等の第三者に依頼してスキャンやデジタル化することは，たとえ個人や家庭内での利用であっても一切認められておりません。

〈JCOPY〉　HP：http://www.jcopy.or.jp/，e-mail：info@jcopy.or.jp
　　　　　電話：03-3513-6969，FAX：03-3513-6979

Q&A 医薬品・医療機器・健康食品等に関する法律と実務

医薬品該当性、医薬品・健康食品の広告、製造販売、添付文書、薬局、個人輸入、医薬部外品、医療機器、化粧品、指定薬物

赤羽根秀宜 著
2018年8月刊 A5判 316頁 本体3,000円+税 978-4-8178-4495-8

商品番号：40727
略　号：Q医薬

- 薬機法、健康増進法、景品表示法、製造物責任・医療過誤等の民事責任や刑事責任等、様々な法律・問題が複雑に絡み合う医薬品・医療機器・健康食品等に関する法律実務を、判例・通達・通知等の根拠を明確にした100問のQ&Aで丁寧に解説。

消費者法実務ハンドブック

消費者契約法・特定商取引法・割賦販売法の実務と書式

安達敏男・吉川樹士 著
2017年9月刊 A5判 284頁 本体2,700円+税 978-4-8178-4424-8

商品番号：40691
略　号：消ハン

- ポイントを押さえた解説と、実務で使える書式・記載例を収録した、消費者三法の大改正に備えておきたい一冊。
- クーリング・オフや不実告知等による取消しの通知書などの書式を収録。
- 裁判例を豊富に掲載。複雑・難解な法体系を実務ベースで解説。

自分でできる少額訴訟ハンドブック

事例にみる実務と実践

裁判ウォッチング市民の会 監修　田中賢規 著
2018年4月刊 A5判 228頁 本体2,200円+税 978-4-8178-4473-6

商品番号：40714
略　号：少額訴

- 訴状の書き方、証拠の集め方、添付書面の作り方など、事前の準備について書式と併せて詳細に解説。
- 分かりやすいストーリーと、実際の裁判を想定したリアルな場面描写で相談者の理解を促すので、本人訴訟支援にも使える。

難しい依頼者と出会った法律家へ

パーソナリティ障害の理解と支援

岡田裕子 編著
2018年2月刊 A5判 252頁 本体2,300円+税 978-4-8178-4457-6

商品番号：40708
略　号：難依

- 法的紛争の現場に出現しやすい当事者類型に近いパーソナリティ障害の類型を6つ取り上げ、それぞれの特徴、原因、対応法を説明した上で、具体的事例を設定し、法律相談の受付時から受任・手続に至る過程を丁寧になぞりながら、対応のポイントを提示。

日本加除出版
〒171-8516 東京都豊島区南長崎3丁目16番6号
TEL（03）3953-5642　FAX（03）3953-2061（営業部）
www.kajo.co.jp